BEV AISBETT

DEPRESSIONEN ÜBERWINDEN

IN 30 TAGEN SCHRITT FÜR SCHRITT

Aus dem Englischen von Christel Kröning

ANACONDA

Für Sri Parvati Sundari.
Aus so vielen Gründen.

VORBEMERKUNG

Depressionen kommen viel häufiger vor, als man denkt. Sie sind oft nicht auf den ersten Blick zu erkennen und äußern sich von Mensch zu Mensch jeweils anders. Es gibt Depressionen, die durch äußere Ursachen ausgelöst werden, zum Beispiel durch den Tod eines Angehörigen. Ebenso gibt es Depressionen, die körperliche Ursachen haben oder durch körperliche Faktoren verstärkt werden. Beachte bitte unbedingt, dass eine Depression je nach Schwere eine ernstzunehmende Krankheit ist, und dass kein Buch der Welt den Gang zu deinem Arzt oder deiner Ärztin ersetzen kann.

EINFÜHRUNG

Beim Schreiben all meiner Bücher schöpfe ich aus EIGENEN ERFAHRUNGEN. Ich weiß also, wie sehr du leidest und wie schlecht du dich fühlst. Ich war selbst schon an diesem Punkt und mir ist nur allzu bewusst, was das finstere Tal der Depression für ein schrecklicher Ort ist.

Vielleicht überrascht es dich, dass ich manchmal noch immer (wenn auch zum Glück nur selten) in dieses Tal stürze. Nämlich immer dann, wenn ich harte Zeiten durchmache.

Allerdings stürze ich NICHT MEHR SO TIEF hinab und bleibe auch NICHT MEHR SO LANGE dort unten. Denn mittlerweile weiß ich, wie ich hinausgelange. Ich habe gelernt, wie ich nicht länger darin gefangen sein muss. Und genau DIESE KENNTNISSE möchte ich auf den folgenden Seiten an dich weiterreichen.

Dabei werde ich dich nicht immer mit Samthandschuhen anfassen. Natürlich ist es erst einmal schön, wenn einem der Kopf getätschelt wird. Und das darf ja ruhig auch mal sein. Reines Kopfgetätschel löst das Problem aber nicht.

Alles Mitgefühl der Welt wird dich nicht dazu befähigen, dich aus deiner Depression zu befreien. Genau diese SELBSTBEFÄHIGUNG ist es aber, die ich dir mitgeben möchte. Ich werde dich nicht wie ein Opfer behandeln, weil du dich dadurch erst recht wie eines fühlen würdest, und das wollen wir nicht. Nein, ich werde dir im Gegenteil die metaphorischen Kletterhaken reichen. Ich werde an deiner Seite sein, während du dich Stück für Stück selbst aus dem finsteren Tal hinausrettest. Denn, vertrau mir, DU KANNST DAS. Genau wie dein Sturz letzten Endes selbstverursacht ist, weil er dir als die einzig mögliche Reaktion auf Stress, Verlust oder Schmerz erschien, genau so wirst du auch deinen Wiederaufstieg selbst vollbringen.

Wenn du dich einigelst, deine Aktivitäten einstellst und in Passivität verfällst, also auf eine Weise reagierst, die dich in früheren Zeiten vielleicht einmal beschützt hat, ist das nicht nur nicht hilfreich, sondern es fügt dir sogar Schaden zu. Mach noch heute DEN ERSTEN SCHRITT, um den Härten des Lebens künftig mit etwas anderem als dem Zusammenbruch begegnen zu können.

Ich nehme an, du hast dieses Buch zur Hand genommen, weil du den Aufenthalt im finsteren Tal gründlich satt hast und es endlich wieder aufwärts gehen soll. Oder vielleicht hat jemand dir dieses Buch ans Herz gelegt, weil er oder sie es gründlich satt hat und findet, dass du so allmählich aus deinem Tal wieder herauskommen könntest.

In beiden Fällen gilt es sich an den Aufstieg zu machen. Lies einfach jeden Tag ein Stück weiter und gib dein Bestes. Die 30 Tage kannst du dir einteilen, wie du möchtest. Du könntest zum Beispiel TÄGLICH etwas Neues üben, WÖCHENT-

LICH, MONATLICH oder alles dazwischen – das bleibt ganz dir überlassen. Du kannst auch jederzeit wieder Schritte zurückgehen und bestimmte Tage wiederholen. An Ausrüstung brauchst du nichts weiter als Stift, Papier und Unvoreingenommenheit.

Wobei, eine Sache noch: Wenn du einmal angefangen hast, MACH WEITER. Tu es für dich. Du hast es nicht verdient, dich schrecklich zu fühlen, und musst es auch nicht.

Also dann, bereit? Sehr gut. AUF GEHT'S!

TAG 1

Du hast recht – das Leben spielt einem manchmal ECHT ÜBEL mit

Nein, das Leben ist KEIN PONYHOF. Es ist nicht leicht, es läuft nicht glatt, und es regelt sich nicht hübsch und ordentlich von selbst wie beim Happy End im Kino.

Es gibt Zeiten, in denen das Leben dich hart in die Magengrube trifft. Es gibt Zeiten, in denen es dir sogar das Herz bricht.

Und weil du immer noch liest, vermute ich mal, dass du gerade eine dieser Zeiten durchmachst (oder durchgemacht hast).

ICH VERSTEHE DICH. ICH KANN ES NACHVOLLZIEHEN.

Wenn du mir deine Geschichte aufschreiben würdest, käme darin sicher die eine oder andere Variante des folgenden Satzes vor: »ES IST NICHT FAIR.«

Tja, aber: Es steht nirgendwo in Stein gemeißelt, dass es im Leben fair zuzugehen hat. Wir hängen bloß sehr hartnäckig dieser Vorstellung an. Sie steckt im Kern all unserer Enttäuschungen, im Kern all unseres Leids. Doch Unfaires geschieht nun einmal.

Falls im Leben nur eines absolut sicher ist, dann Folgendes: Du wirst auf Schwierigkeiten treffen. Wie stark diese Schwierigkeiten dich jedoch BEEINFLUSSEN, das liegt zu einem großen Teil in deinen Händen.

Zuallererst müssen wir uns von der Vorstellung befreien, es gäbe ein »Belohnungssystem« nach dem Motto: Wenn ich Gutes tue, werde ich auch nur Gutes bekommen. Oder eben andersherum: Schlechtes passiert mir nur, weil ich ein »schlechter Mensch« bin oder auf irgendeine Art »versagt« habe. Und: Das Leben muss alle bestrafen, die ich für schlecht und wertlos halte, und wenn sie ohne Konsequenzen davonkommen, dann ist das ungerecht vom Leben.

Das Leben für eine Art Kirmesmeile zu halten, in der man mit genug Gutsein-Punkten den Riesenteddy gewinnt und bloß den Trostpreis kriegt, wenn man zu wenige hat – das stürzt einen erst recht ins Elend, wenn die Dinge nicht so laufen, wie man es sich wünscht.

Solange das Leben deinen ERWARTUNGEN zu entsprechen hat, ist es nicht fair. Wie könnte es das auch sein, wenn doch vieles von dem, das dir fair erscheint, jemand anderem gänzlich unfair vorkommt? Was du als grundfalsch ansiehst, kann für den nächsten einwandfrei Sinn ergeben.

Die Wahrheit ist, das Leben ist WEDER FAIR NOCH UNFAIR. Es ist einfach nur das Leben.

Wir tendieren dazu, allem möglichen – Tieren, Autos oder gar dem Wetter – menschliche Züge zuzuschreiben. Als könnte meinetwegen das Wetter sich bewusst entscheiden, nicht das zu tun, was wir von ihm wollen.

Aber hat der Fluss MIT ABSICHT dein Haus überschwemmt?

Nein – der Fluss ist einfach nur der Fluss, und dein Haus war ihm eben im Weg. Womöglich hast du es ja sogar mitten ins Überschwemmungsgebiet gestellt!

Vieles im Leben geht auf diese Weise vonstatten. Nenn es Unglück, nenn es Pech, richtig oder falsch, fair oder unfair. Es passiert. Und zwar dir, weil du eben da bist.

Das ganze Leben rauscht dahin wie ein riesiger Fluss. Entweder bestehst du darauf, gegen den Strom weiterzurudern (weil das ja fair wäre!), oder du lässt dich von ihm tragen.

Es ist möglich, durch das Leben zu schippern, ohne bei jeder Schwierigkeit an den Felsen zu zerschellen (und wie, das zeigt dir dieses Buch). Trotzdem kann ich, wenn es dir hilft, vorerst gerne zustimmen: Ja, manchmal spielt einem das Leben echt übel mit. Da hast du recht.

ÜBUNGEN FÜR TAG 1

- Freunde dich damit an, dass das Leben weder fair noch unfair ist, und verabschiede dich von der Vorstellung, dass du belohnt oder bestraft wirst.
- Schreibe eine Erfahrung auf, die dich in letzter Zeit deprimiert hat. Zeichne darunter eine Reihe von Rechtecken (etwa sechs sollten genügen), die für mehrere Türen stehen. Nummeriere sie anschließend.

  Hinter TÜR 1 befindet sich deine erste Reaktion auf die Erfahrung.

  Deine ERSTE REAKTION war, deprimiert zu sein.

  Gehe jetzt zu Tür 2. Hinter ihr befindet sich eine ANDERE REAKTION. Wie hättest du noch reagieren können, außer deprimiert zu sein? HINTER JEDER TÜR LIEGT EINE NEUE MÖGLICHKEIT.

  Lass dich überraschen, wie viele verschiedene Möglichkeiten du entdeckst.
- Überlege, ob es sein kann, dass du dich in die eine oder andere deprimierende Erfahrung womöglich geradezu hineinmanövriert hast. Denk darüber nach, wie du ihr hättest ausweichen können.

DEINE MANTRAS FÜR TAG 1

»Heute werde ich mein Leben so akzeptieren, WIE ES IST UND WAR, statt daran zu denken, wie es sein sollte oder hätte sein sollen.«

»Was, wenn ich damit aufhören würde, das Leben so PERSÖNLICH zu nehmen?«

TAG 2

Du bist nicht Robinson Crusoe

Vielleicht kommt es dir so vor, als wäre dein Zustand etwas Einzigartiges, das niemand sonst auch nur annähernd nachvollziehen kann. Eine Depression ist jedoch eine SEHR VERBREITETE menschliche Erfahrung.

Fast jeder macht im Lauf seines Lebens so etwas durch, meist infolge einer Lebenskrise oder eines Verlusts.

Schätzungen zufolge leben weltweit etwa 300 MILLIONEN MENSCHEN mit der Diagnose »Depression«.

Diese Zahl kann jedoch in die Irre führen. Auch diejenigen, die an einer VORÜBERGEHENDEN Depression leiden, sind darin erfasst. Diejenigen jedoch, die eine Depression schon HINTER SICH GEBRACHT haben, fehlen in dieser Summe.

Rund 7,8 Milliarden Menschen bewohnen unsere Erde. Also, okay, die mit Abstand meisten von ihnen können offenbar ihrem Leben nachgehen, ohne ständig eine dunkle Wolke über dem Kopf hängen zu haben.

Tatsächlich – wer hätte das gedacht? – genießen viele ihr Leben sogar. Und das, obwohl auch sie an dem Punkt waren, an dem du jetzt bist. Sie haben ihre dunkle Wolke vertrieben. Sie haben herausgefunden, dass ihr Leben wieder ANGENEHM, sogar SPANNEND, ja, regelrecht BEGLÜCKEND sein kann, obwohl es früher voller Schwierigkeiten und Widersprüche steckte.

Was machen diese Menschen also vielleicht anders als du?

Mal sehen.

- *Sie sind freundlich zu sich selbst.*
- *Sie haben etwas gefunden, das sie lieben.*
- *Sie haben etwas zu tun.*
- *Sie nehmen das Leben so, wie es ist.*
- *Sie lassen die Vergangenheit vergangen sein.*
- *Sie konzentrieren sich auf motivierende Gedanken.*

Vielleicht erscheint all das von deinem jetzigen Standpunkt aus unerreichbar, doch es ist möglich. Es ist möglich, sich besser zu fühlen. Dein ENGAGEMENT ist gefragt. Erhebe dein Vorhaben, dich besser zu fühlen, zu einer PRIORITÄT.

Zwischen dir und all den anderen Menschen, die nicht an Depression leiden, besteht KEIN HIMMELWEITER UNTERSCHIED. Im Gegenteil: DU KANNST ES GENAU WIE ALL DIESE ANDEREN SCHAFFEN, dich (wieder) gut zu fühlen. Tu etwas dafür. Denke etwas dafür. Positives Denken kann viel bewirken. Wie positives Denken funktioniert, erfährst du später noch.

Niemand verlangt von dir, zum Mars zu fliegen, dir ein drittes Bein wachsen zu lassen oder Krebs zu heilen. Sieh dir doch in den nächsten zwei Kapiteln einfach nur einmal an, auf welche Art du dir das Leben schwer machst. Und dann schauen wir zusammen, was du dagegen tun kannst.

ÜBUNGEN FÜR TAG 2

- Mach dir klar, dass JEDER mal deprimiert ist.

  Tut mir leid, dass ich dir das sagen muss, aber: SO WICHTIG bist du auch wieder nicht! Niemand beobachtet oder beurteilt jeden deiner Schritte. Ja, du bist besonders, aber SO besonders dann auch wieder nicht.

- Schüttle die Vorstellung ab (falls du sie denn hegst), dass das Universum dich dazu auserkoren hat, unglücklich zu sein.

- Überlege dir, welche Eigenschaften die Menschen haben, die sich gut mit sich fühlen und das Leben genießen. Sind diese Eigenschaften unerreichbar, wie Superkräfte? Oder könntest auch du sie dir Schritt für Schritt aneignen?

DEIN MANTRA FÜR TAG 2

»Wir tun alle nach bestem Wissen das, was wir können.«

TAG 3

Schäm
dich was!

»Du hast es VERSAUT! ALLES hast du falsch gemacht!«

»Du bist ein HOFFNUNGSLOSER Fall! Du VERDIENST es nicht, glücklich zu sein! Du VERDIENST es nicht, geliebt zu werden!«

»Was für ein VOLLIDIOT du bist! Nur ein VOLLIDIOT würde sein Leben so komplett in den Sand setzen. Wer würde einen TOTALAUSFALL wie dich schon haben wollen?«

»Ganz toll, jetzt hast du ALLES RUINIERT. Jetzt kannst du auch gleich das Handtuch werfen.«

Na, habe ich deine Aufmerksamkeit? Ich kann regelrecht hören, was du jetzt denkst:

»Wow, sie ist echt unhöflich und gemein zu mir!«

»Ich bin doch schon am Boden. Muss sie auch noch NACHTRETEN?«

»Was gibt ihr das Recht, mich so respektlos zu behandeln? Für wen hält sie sich?«

Oder sagst du dir vielmehr:

»Himmel, SO schlimm war es auch wieder nicht. Ich habe schließlich MEIN BESTES gegeben. Und das ein oder andere hat doch ganz gut geklappt!«

Siehst du, worauf ich hinauswill? Ich wollte dir zeigen, wie du DICH SELBST behandelst!

Fühlt sich FIES an, wenn jemand anders so mit dir spricht, hm?

Tja, ich habe Neuigkeiten für dich: Es fühlt sich GANZ GENAUSO FIES an, wenn du selbst so mit dir sprichst!

Und ist dir aufgefallen, dass du automatisch angefangen hast, dich zu verteidigen, als ich dich »angegriffen« habe?

Was also ist hier los?

Na ja, erstens haben wir wohl herausgefunden, dass du dazu neigst, dich selbst schlechtzumachen. Kann das sein?

Zweitens übertreibst du vielleicht hin und wieder ein bisschen, wie viel Schaden du tatsächlich angerichtet hast.

Und drittens ist deine Lage (und bist auch du) möglicherweise gar nicht so schlecht wie du denkst.

Es macht jedenfalls keinen Spaß, ständig mit Kritik und Negativbotschaften bombardiert zu werden. Vielleicht ist genau das mit dafür verantwortlich, dass du dich so schrecklich fühlst! Vielleicht musst du dir mal eine VERSCHNAUFPAUSE gönnen! Du hast nach bestem Wissen gehandelt. Du hast getan, was du konntest.

ÜBUNGEN FÜR TAG 3

- Achte heute darauf, was du alles an dir und deinem Leben in Gedanken kritisierst.
- Schreib es anschließend auf und stell dir vor, jemand anders würde dir diese Dinge an den Kopf werfen. Würdest du sie ohne Gegenwehr akzeptieren?
- Liste alle Namen auf, die dir je gegeben wurden. In diese Liste gehören Anreden, Kosenamen, Spitznamen, liebe Worte und Schimpfworte.
- Lies die Liste anschließend laut vor. Spüre die WÄRME, die dich bei den lieben Worten überkommt, und den Schmerz, den die Schimpfworte hervorrufen.
- Gut. Jetzt liste alle Namen auf, die DU DIR SELBST schon gegeben hast, und lies sie laut vor.
- Frage dich: Welche Namen haben den meisten Schaden angerichtet? Die Namen, mit denen andere dich bezeichnet haben, oder die Namen, die du dir selbst gegeben hast?

DEINE MANTRAS FÜR TAG 3

»Ich bin ein MENSCH. Ich mache FEHLER.«

»Durch Fehler LERNE ich.«

»Ich habe es nicht verdient, schlechtgemacht zu werden, wenn ich beim Lernen Fehler mache.«

TAG 4

Aber DIE waren das!

Im Laufe eines Lebens lässt es sich nicht vermeiden, dass man früher oder später durch etwas verletzt wird, das JEMAND ANDERS getan hat.

Dann fühlt man sich zum Beispiel:

- *kritisiert*
- *übersehen*
- *enttäuscht*
- *verlassen*
- *verraten*
- *ungeliebt*
- *missbraucht*

Mit hoher Wahrscheinlichkeit wurdest du, wenn nicht durch einen Schicksalsschlag, durch das Verhalten von jemand anderem in dein emotionales Tief hineinbefördert.

Ja, vielleicht warst du sogar einer Behandlung ausgesetzt, die man als Grausamkeit benennen muss. Womöglich hast du dadurch dein Vertrauen in die Menschheit verloren. Womöglich fühlst du dich dadurch ungeliebt und wertlos.

Eine solche Erfahrung ist schwer zu verarbeiten. Dein Arzt oder deine Ärztin ist hier ein wichtiger erster Ansprechpartner. Er oder sie kann dich bei Bedarf zu einem Spezialisten überweisen, wie etwa einem Psychiater oder einer Psychiaterin, einem Psychologen oder einer Psychologin. Was wir beide jetzt aber machen, ist etwas GRUNDLAGENARBEIT. Wir versuchen einmal, eine ANDERE, BESSERE PERSPEKTIVE auf das Ganze einzunehmen.

Nehmen wir doch zu Anfang DIESEN ANDEREN, der dich in dein emotionales Tief hineinbefördert hat, etwas näher in Augenschein. Grundsätzlich gilt:

- *Verletzende Menschen sind Menschen, die selbst verletzt wurden.*
- *Menschen, die Angst und Schrecken verbreiten, sind selbst verängstigt.*
- *Grausame Menschen sind versehrte Kinder (und bleiben es im Grunde, auch als Erwachsene).*

Stellt sich also die Frage: Warum solltest du dich von unglücklichen Menschen in ihr Unglück hineinziehen lassen?

Versuche nicht, das Verhalten der anderen zu ändern, sondern vielmehr, groß und stark genug zu werden, um es nicht an dich herankommen zu lassen Es ist nicht deine Aufgabe, diese anderen zu heilen. Deine Aufgabe ist es, dich selbst zu heilen. Und dazu gehört, volle Verantwortung für dein eigenes Wohlbefinden zu übernehmen. Niemand kann dich runtermachen außer dir selbst. Niemand außer dir hat die Kontrolle über deine Gefühle.

Es gibt natürlich auch andere, meist glimpflichere Situationen, in denen nicht primär der eine dem anderen etwas zufügt, sondern in der beide einander nicht guttun. Schauen wir uns als nächstes also einmal DEINE ROLLE genauer an. Denn wenn zwischen zwei Menschen etwas schiefgeht, zum Beispiel in einer Beziehung, gehören fast immer beide dazu.

Stell dir eine Beziehung als gemeinsames Bankkonto mit Einzahlungen und Abbuchungen vor. In einer ausgeglichenen Partnerschaft zahlen beide etwa genauso viel ein, wie sie abbuchen, sodass der Kontostand stabil bleibt.

Wenn du dich ausgenutzt, enttäuscht, verraten oder verlassen fühlst, dann überlege einmal, ob du vielleicht mehr investiert hast, als du dir leisten konntest.

Warum solltest du überhaupt eine Investition tätigen, die dir nur Verluste einbringt?

Wenn jemand dein Konto ständig leerräumt, und du es immer wieder auffüllst, wessen Verantwortung ist das dann?

Wenn andere dir etwas wegnehmen, dann aus Angst, dass sie selbst nie genug haben werden.

Wenn du zu viel investierst, dann aus Angst, dass du nie genug sein wirst.

Es ist deine Verantwortung, auf deinen EMOTIONALEN KONTOSTAND zu achten. Gib alles aus, und du treibst dich in den Ruin. Lass zu, dass andere dir zu viel wegnehmen und deine Reserven werden versiegen.

ÜBUNGEN FÜR TAG 4

- Wenn du dich »ausgenutzt« fühlst, denke darüber nach, inwiefern du vielleicht zuviel investiert hast. Das könnte auf folgende Weise passiert sein:

  - *Ich habe jemandem vertraut, der nicht vertrauenswürdig war.*
  - *Ich habe keine klaren Grenzen gezogen.*
  - *Ich habe nicht »nein« gesagt, als ich es hätte tun müssen.*
  - *Ich habe zu oft eine zweite Chance gegeben.*
  - *Ich hatte Angst, dass ich nicht geliebt werde, wenn ich nicht alles gebe, was ich habe.*
  - *Ich habe mich nicht wertgeschätzt.*

- Wie könntest du dich größer und stärker machen, um nicht von der fehlenden Größe und Stärke eines anderen beeinträchtigt zu werden? Überlege, wie du dein emotionales Konto FÜLLEN könntest. Zum Beispiel:

  - *Ich könnte netter zu mir sein.*
  - *Ich könnte klare Grenzen ziehen.*
  - *Ich könnte nein sagen, wenn ich es muss.*
  - *Ich könnte öfter mal mir selbst etwas Gutes tun.*
  - *Ich könnte in meinen Beziehungen wählerischer sein.*

DEIN MANTRA FÜR TAG 4

»Ich werde nur so viel geben, dass auch für mich selbst noch genug bleibt.«

TAG 5

Rechne mal ein bisschen

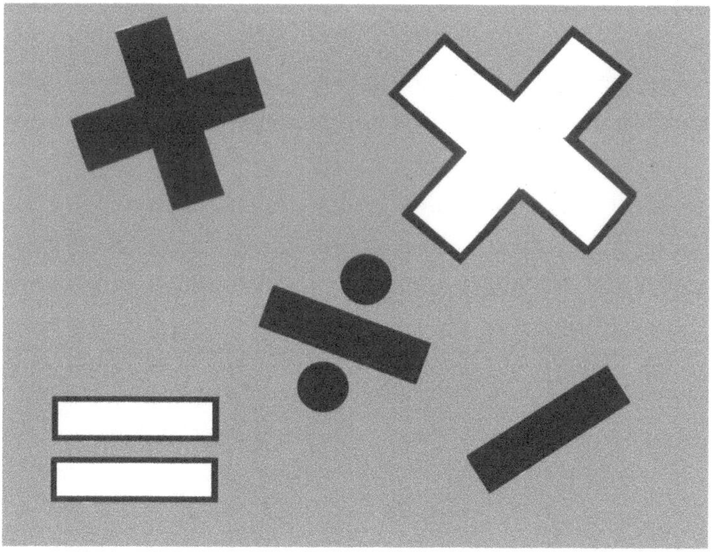

Unsere erste Rechnung lautet: GETEILTES Leid ist HALBES Leid. Falls du deine Depression bisher geheim gehalten hast, ist es höchste Zeit, dass du jemandem von ihr erzählst. Du kannst AKTIV VERÄNDERN, wie fest dich deine Depression im Griff hat, je nachdem, ob du ihr Kraft einflößt oder entziehst.

Warum du dich jemandem anvertrauen solltest? Solange du mitten in einer Depression steckst, ist es dir geradezu unmöglich, einen neuen Blickwinkel auf sie zu gewinnen. Solange du in deinem Zustand verharrst, wirkt alles um dich her unabänderbar düster und hoffnungslos. Das heißt aber nicht, dass es auch so IST. Die Depression VERZERRT deinen Blick.

Doch nicht nur für den Blick von außen, auch grundsätzlich solltest du dir Unterstützung holen. JEDER braucht ab und an Hilfe. Und vielleicht war dir noch gar nicht bewusst: Die Menschen LIEBEN es, gebraucht zu werden! Möglicherweise fühlt der oder die Eingeweihte sich regelrecht GEEHRT! Es bedeutet schließlich, dass du ihm oder ihr so sehr vertraust, dass du diesen Teil von dir offenbaren kannst.

Du wirst sehen, wie BEFREIEND es sein kann, mit jemandem zu reden. Die emotionale Last erdrückt dich auf einmal nicht mehr so sehr, sie wird leichter, sobald jemand dir hilft, sie zu tragen. Du wirst feststellen, dass dein oder deine Gegenüber dich nicht etwa verurteilt, wie du vielleicht befürchtet hast. Er oder sie wird wahrscheinlich ÄHNLICHE

Erfahrungen gemacht haben und dich wahrscheinlich, wenn vielleicht auch nicht ganz, so doch zumindest teilweise VERSTEHEN können.

Sei jedoch WÄHLERISCH, was deine Eingeweihten angeht. Ein Tratschmaul oder jemand, der einfach alles sofort posten muss, wäre keine gute Wahl.

Statt mit einem Freund, einer Freundin, jemandem aus deiner Familie oder aus deinem Kollegenkreis zu reden, könntest du dir auch ein neutrales Ohr suchen. Es gibt Ärztinnen und Therapeuten, es gibt Selbsthilfegruppen.

Gut. Damit hätten wir die »Division«, das TEILEN des Problems. Wie sieht es nun aber mit der »Multiplikation« aus?

Willst du ein Problem vergrößern? Okay, dann konzentriere dich darauf! Soll es RIESIG werden? Dann tu dich mit Leuten zusammen, die ihr Problem auch vergrößern wollen!

Verbreitest du dich nur zu gerne darüber, wie mies es dir geht? Lass das sein! Richte deine Aufmerksamkeit stattdessen auf etwas anderes.

Wenn du zulässt, dass das Schlechte eine Hauptrolle in deinem Leben spielt, dann wird es logischerweise nur umso präsenter. Und du wirst dich nur umso hilfloser fühlen. Es ist an der Zeit, den Redeanteil des Schlechten mal etwas zusammenzukürzen. Lies weiter, dann findest du ein paar Tipps, wie sich das anstellen lässt.

ÜBUNGEN FÜR TAG 5

ÜBUNGEN FÜR DIVISION:

- Wenn du bisher noch mit niemandem über deine Depression gesprochen hast, ist heute der Tag dafür. Schieb es nicht länger vor dir her. Es gibt keinen Grund, sich zu schämen.

  Mit wem du reden könntest:

  - *mit jemandem aus deinem Familien- oder Freundeskreis, der oder die vertrauenswürdig ist und nicht tratscht*
  - *mit deinem Arzt oder deiner Ärztin*
  - *mit einem Therapeuten oder einer Therapeutin*
  - *mit den Mitgliedern einer Selbsthilfegruppe*
  - *Hinweise zu Anlaufstellen bekommst du zum Beispiel auch über das „Info-Telefon Depression" der Stiftung Deutsche Depressionshilfe (www.deutsche-depressionshilfe.de)*

- Beachte, dass nicht jeder ein Talent zum Beraten hat und sofort weiß, was zu sagen oder zu tun ist. Manche Menschen sind weniger gut darin als andere. Das bedeutet nicht, dass es ein Fehler war, sich ihnen mitzuteilen. Sprich einfach beim nächsten Mal mit jemand anderem. Mit jemandem, der dich versteht.

ÜBUNGEN GEGEN MULTIPLIKATION:

- Wenn du immer nur davon redest, wie mies du dich fühlst, dann durchbrich dieses Verhalten heute.
- Nimm dir eine Auszeit von allen Nachrichtensendungen, Zeitungen und sozialen Medien. Meide heute außerdem brutale oder traurige Bücher, Filme und Fernsehserien.
- Halte dich heute auch von Menschen fern, die dich runterziehen!
- Lass dich nicht in schwermütige oder bedrückende Gespräche verwickeln, die nur dazu dienen, sich im Elend zu wälzen. Schneide stattdessen angenehme, erfreuliche Themen an. Stell deinen Mitmenschen zum Beispiel Fragen über ihre lebhaften Kinder, ihre munteren Haustiere, ihre spannenden Hobbys.
- Entdecke, wie viel LICHT du in den heutigen Tag bringen kannst, indem du deine Aufmerksamkeit weg von den dunklen und schweren Themen lenkst. Mach dir anschließend bewusst, welche Gefühle das in dir geweckt hat.

DEINE MANTRAS FÜR TAG 5

»Zu viel ist zu viel.«

»Zu wenig ist zu wenig.«

TAG 6

Ein Bär geht in eine Höhle

Was, wenn dein Geist und dein Körper genau WISSEN, warum sie die Notbremse gezogen haben? Was, wenn hinter deinem Wunsch nach einem Rückzug von der Welt WEISHEIT steckt?

Wenn du deprimiert bist, hast du zu gar nichts Lust, richtig? Sich auf andere auch nur einlassen, ist schon zu schwer, auch noch gesellig zu sein, unerreichbar.

»Ich sollte mich nicht so fühlen.« Das ist der erste Gedanke, der einem dann in den Sinn kommt. »Ich sollte da draußen sein und etwas unternehmen.«

SOLLTEST du? Warum? Weil andere das denken? Dir ist nicht danach, warum also?

Momentan siehst du vielleicht einfach den Wald vor lauter Bäumen nicht. Wenn du immer weiter gegen dich handelst, trittst du die alten Pfade womöglich nur noch tiefer aus.

Das englische Wort für »deprimiert«, »depressed«, klingt ein bisschen wie »deep rest«, »tiefe Ruhe.«

Der Bär für seinen Teil macht bei Winteranbruch instinktiv den Laden zu und begibt sich in seine Höhle.

Du kannst nicht immer weiter dagegen anrennen, dich abstrampeln oder um dich schlagen. Irgendwann musst du nachgeben. Und dann ruh dich aus. Geh in deine Höhle – ohne schlechtes Gewissen.

Versuch nicht, etwas zu leisten. Darum geht es nicht. Lass es gut sein. Versuche nicht länger, jemand und irgendwo anders zu sein als du selbst und dort, wo du jetzt bist.

Blind gegen deinen Schmerz anzukämpfen, wird ihn nicht lindern. Akzeptiere ihn. Es wird dir umso schneller wieder besser gehen, je eher du deine Gefühle anerkennst und zulässt, statt sie als falsch anzusehen und zu verbannen.

Am heuten Tag darfst du »in Winterschlaf gehen«. Denn so ebnest du den Weg für den kommenden Heilungsprozess.

Wichtig: Das Ganze gilt NUR FÜR HEUTE. Es ist ein ZWISCHENSCHRITT, eine VERSCHNAUFPAUSE vor der nächsten Etappe.

ÜBUNGEN FÜR TAG 6

- Widme diesen Tag der »tiefen Ruhe«. Alles andere ist heute nebensächlich. Gönn deinem Körper und deinem Geist einen NEUSTART. So wird deine Seele von frischer Kraft durchströmt.

- Erfülle heute all deine körperlichen Bedürfnisse SOFORT. Wenn du müde bist, schlafe. Wenn du Hunger hast, iss. Wenn du zur Toilette musst, ab dafür. Gewöhn dich daran, in deinen Körper hineinzufühlen, auf ihn zu hören und unmittelbar auf seine Bedürfnisse einzugehen. So muss er dich nicht länger anschreien, um deine Aufmerksamkeit zu gewinnen.

- Mach dich heute von allen Ansprüchen frei. Es muss heute NICHTS getan werden. Strebe nicht. Urteile nicht. Denke nicht zu viel nach. SEI einfach.

- Sieh dich ganz als dich selbst, und triff kein Urteil über dich.

DEIN MANTRA FÜR TAG 6

»NACHgeben ist nicht das Gleiche wie AUFgeben.«

TAG 7

Es ist alles nicht so wie es scheint

Alles scheint falsch zu laufen, alles scheint hoffnungslos zu sein. Aber STIMMT das?

Wenn du dich deprimiert FÜHLST, muss nicht zwangsläufig auch etwas DA SEIN, das dieses Gefühl auslöst!

Dennoch wird dein Verstand nach BEWEISEN suchen, dass alles falsch läuft. Sobald du dich auf eine SICHTWEISE eingeschossen hast, sobald du den Dingen und Ereignissen um dich her eine bestimmte INTERPRETATION zugewiesen hast, wird dein Geist diese einmal eingeschlagene Richtung beibehalten.

Was aber, wenn deine Überzeugung, dernach alles falsch läuft, nichts weiter bedeutet, als dass du selbst aus der Spur geraten bist?

Ein emotionales Tief kann durch viele eher harmlose Ursachen ausgelöst werden, zum Beispiel:

- *körperliches Unwohlsein*
- *Schlafmangel*
- *falsche Ernährung*
- *Alkohol*
- *bestimmte Medikamente*

Wenn DU deprimiert bist, bedeutet das nicht, dass DIE WELT tatsächlich schlecht wäre, dass nichts einen Sinn hätte, oder dass es für dich und dein Leben keine Hoffnung mehr gäbe.

Wenn du deprimiert bist, bedeutet das zuallererst einfach nur, na ja, dass du deprimiert bist, eben.

Gedanken sind keine Fakten. Gedanken sind MEINUNGEN. Und während einer Depression nimmst du die Welt durch einen sehr dunklen FILTER wahr. Es ist nicht so, dass es da draußen nichts Gutes für dich gäbe. Du kannst es nur wegen des Filters nicht sehen.

Wichtig: Verwechsle depressive Gedankengänge nicht mit einem Beweis dafür, dass alles falsch läuft. Dein FOKUS liegt nur genau so, dass er zu deiner ANNAHME passt, alles liefe falsch. Deswegen NIMMST DU ES MOMENTAN SO WAHR.

Mit anderen Worten: Die siehst nicht die Realität, du siehst deine eigene VERSION der Realität!

Einen vermeintlich schlechten Tag kannst du in einen guten (oder zumindest besseren) Tag verwandeln, indem du änderst, wie du ihn dir »erzählst«.

Wie gesagt, Gedanken sind Meinungen. Meinungen kann man ändern. Ändere sie und alles wird sich ändern – einschließlich und insbesondere, wie du dich fühlst!

ÜBUNGEN FÜR TAG 7

- Achte darauf, wie du dir Ereignisse erzählst, wenn du deprimiert bist. Welche Meinung hast du dann zu ihnen.

- Führe heute ein Experiment durch. Teste aus, wie es deine Stimmung beeinflusst, wenn du diese Meinung änderst. Wie könntest du dir die Ereignisse ANDERS erzählen?

- Überfordere dich nicht dabei. Eine Meinung wie »Alles ist wunderbar!« wird wohl noch nicht funktionieren. Wähle stattdessen eine, die du von deiner Warte aus mit Inhalt füllen, an die du glauben kannst. Geh es zunächst bescheiden an, zum Beispiel: »Die Lage ist vielleicht NICHT GANZ SO SCHLIMM, wie ich denke.«

- Halte heute außerdem Ausschau nach mindestens fünf schönen Kleinigkeiten, für die du womöglich blind gewesen bist, weil du immer durch deinen dunklen Filter geschaut hast.

DEIN MANTRA FÜR TAG 7

»Ich mag es DENKEN, aber das BEWEIST es nicht.«

TAG 8

Keine AUSREDEN

Irgendwann im Verlauf unserer 30 Tage – heute, morgen, nächste Woche – wirst du dir einreden wollen, dass es nicht funktioniert. Dass du weder vor noch zurück kannst und für den Rest deines Lebens deprimiert sein wirst. Vielleicht hast du es dir auch schon eingeredet. Wie schön, dass du trotzdem weiterliest. Halte durch!

Wenn Menschen in einem Stimmungstief gefangen sind, liegt das fast immer zu großen Teilen daran, dass sie ständig Gründe finden, dort gefangen zu bleiben!

Anders gesagt, sie RECHTFERTIGEN die Barrieren um sich her, statt etwas GEGEN SIE zu unternehmen!

So entschuldigen wir uns selbst auf alle möglichen Arten, um zum Beispiel:

- *Alkohol zu trinken*
- *Drogen zu nehmen*
- *übermäßig zu essen*
- *eine ungesunde Beziehung zu führen*
- *übermäßig Geld auszugeben*
- *nicht aus dem Haus zu gehen*
- *uns nicht auf andere Menschen einzulassen*
- *weiter verletzt, wütend und verbittert zu sein*

All das hält uns in einem TEUFELSKREIS gefangen, der auf etwas beruht, das womöglich schon längst vergangen ist.

Um aus diesem Teufelskreis zu entkommen, musst du zuallererst eines tun: Daran GLAUBEN, dass du aus ihm entkommen KANNST!

Glaub an deine GRÖSSE! Glaub an deine STÄRKE! Schöpf dein Potenzial aus! Schluss mit den Rechtfertigungen, die dich klein halten!

Entscheide, etwas Besseres verdient zu haben. Denn dann wird dein Leid nicht länger eine Last sein, sondern ein ANSPORN.

Hier ein paar Rechtfertigungen, die es zu entlarven gilt:

- »Es liegt an einem CHEMISCHEN UNGLEICHGEWICHT in meinem Gehirn.«

  Die Frage nach der Henne und dem Ei ist hier noch nicht geklärt. Verursacht das chemische Ungleichgewicht den (durch Denkmuster beherrschten) Stress oder ist es andersherum? Wird eine Straße immer und immer wieder befahren, so bilden sich Spurrillen. Kreisen deine Gedanken immer und immer wieder um Deprimierendes, dann gräbt sich das, wenn du mich fragst, bildlich gesprochen in die Hirnwindungen ein.

- »Es ist VERERBT.«

  Ja? Oder hast du es durch Beobachtung von und Umgang mit depressiven Menschen ERLERNT?

- »Ich hatte ein SCHWERES LEBEN.«

  Dann bist du in guter Gesellschaft:

  - *Albert Einstein konnte erst mit vier Jahren richtig sprechen.*
  - *Jim Carrey war früher mal obdachlos.*
  - *Oprah Winfrey wurde als Kind sexuell missbraucht.*
  - *Richard Branson ist Legastheniker.*
  - *Stephen Kings erster Roman wurde dreißigmal abgelehnt.*
  - *Charlize Theron musste mitansehen, wie ihre Mutter ihren Vater tötete.*
  - *Johnny Depp musste als Kind mehr als zwanzigmal umziehen.*
  - *Walt Disney wurde von seinem ersten Arbeitgeber gefeuert, weil er »zu wenig Fantasie« hatte.*
  - *... Diese Liste könnten wir ewig fortsetzen.*

Tatsächlich hatten viele Menschen, die einflussreich und berühmt geworden sind, einen SCHWEREN START. Sie mussten sich mehr ANSTRENGEN als andere und oft schon als Kinder oder junge Erwachsene lernen, mit Schwierigkeiten umzugehen. Durch ein »sicheres« Leben lernt man nichts. Viele Menschen haben sich durch eine Bewährungsprobe erst recht zu Höchstleistungen angesport gefühlt.

- »Ich habe einen geliebten Menschen verloren.«

  Ja, das ist sehr schmerzvoll. Allerdings müssen wir alle so etwas an einem bestimmten Punkt im Leben durchmachen. Die Umstände und der Zeitpunkt mögen von Mensch zu Mensch verschieden sein, doch der Tod ist EIN TEIL DES LEBENS, und es wird nie der richtige Zeitpunkt sein. Während Trauern gesund und notwendig ist, ist es weder gesund noch hilfreich, sich von Trauer verzehren zu lassen.

- »Ich habe meinen JOB VERLOREN.«

  Es ist schwer, aber nicht unmöglich, einen neuen zu finden. An deinen letzten bist du ja auch irgendwie herangekommen, oder wie sehe ich das?

Bei vielen Betroffenen stellt sich eine Depression wie gesagt weniger als körperlich bedingte Krankheit, denn als FOLGEERSCHEINUNG bestimmter Ereignisse heraus, zum Beispiel:

- *der Tod eines nahestehenden Menschen*
- *eine schwere körperliche Erkrankung oder Einschränkung*
- *das Ende einer Beziehung*
- *ein traumatisches Erlebnis in der Kindheit*
- *ein traumatisches Erlebnis im Erwachsenenalter*
- *eine Lebenskrise*

Eine Depression kann auch teils durch bestimmten SUBSTANZEN und MEDIKAMENTE verursacht sein. Sogar eine anhaltende, übermäßig zucker- oder kohlehydrathaltige ERNÄHRUNG vermag zu deprimieren. HORMONE sind ebenfalls ein möglicher Faktor.

Die Auswirkungen der Winterzeit sind ebenso wenig zu unterschätzen. Wenn die Tage kürzer, die Nächte länger und die Sonnenstunden knapper werden, schlägt das vielen Menschen auf die Stimmung. Diese »saisonal-affektive Störung« namens Winterdepression kommt sogar recht häufig vor.

Wenn du deine Depression als eine Krankheit ansiehst, gegen die du selbst überhaupt nichts ausrichten kannst, drängt dich das genau in die Opferrolle, aus der wir uns lösen wollen.

Es gibt viele Möglichkeiten zur SELBSTHEILUNG. Finde dich nicht mit den Barrieren ab. Überwinde sie nach und nach und gewinne dein Leben zurück.

Manches liegt in deiner Macht, anderes nicht. In deiner Macht liegt zum Beispiel:

- *was du denkst*
- *mit wem du bevorzugt Zeit verbringst*
- *wie du in bestimmten Situationen reagierst*
- *wie du dich selbst siehst*
- *was du mit deinem Leben anstellst*

Nicht in deiner Macht liegt hingegen:

- *das Verhalten anderer*
- *welche Meinung andere von dir haben*
- *die Entscheidungen anderer*
- *das Weltgeschehen**
- *die Naturgewalten**
- *das Wetter**

---

* *Ja, das Verhalten der MENSCHHEIT ALS GANZES spielt hier durchaus eine Rolle, und auch du bist ein Teil der Menschheit. Nicht weniger, aber auch nicht mehr als das.*
Ich möchte darauf hinaus, dass du deine Energie fortan nur noch auf das verwendest, was du auch BEEINFLUSSEN kannst. Und dass du versuchst, mit dem Rest deinen FRIEDEN zu schließen.

ÜBUNGEN FÜR TAG 8

- Überlege: Könnte deine Depression ganz oder teilweise durch deinen Lebenswandel verursacht sein?
- Suche deinen Arzt oder deine Ärztin auf und klopft gemeinsam mögliche Ursachen oder Teil-Ursachen ab.
- Wenn es beim Stichwort »Winterdepression« bei dir klingelt, dann hier ein paar Tipps, wie du ihr entgegenwirken kannst: Versuche, trotzdem aktiv zu sein, tanke so viel Sonnenlicht wie möglich, indem du zum Beispiel tagsüber spazieren gehst (ansonsten kann sogar auch starkes Kunstlicht helfen), und meide schweres Essen.
- Liste auf, woran deine Depression dich deiner Meinung nach hindert. Formuliere wie in diesem Beispiel:

  – *»Ich möchte das Leben genießen, aber ich habe eine Depression.«*

  Schreibe die Liste anschließend neu und setze statt »aber« ein »und« ein.

  – *»Ich möchte das Leben genießen, und ich habe eine Depression.«*

Merkst du was? Das »aber« wirkt wie ein Stoppschild, das »und« nur wie eine Fahrbahnschwelle.

Gehe anschließend noch einen Schritt weiter. Ersetze »ich habe eine Depression« durch »ich tendiere dazu, mich deprimiert zu fühlen.«

- *»Ich möchte das Leben genießen, und ich tendiere dazu, mich deprimiert zu fühlen.«*

Überlege dir, wie du die Fahrbahnschwelle ÜBERWINDEN könntest. Zum Beispiel:

- *»Ich möchte das Leben genießen, und ich tendiere dazu, mich deprimiert zu fühlen. Also werde ich versuchen, die Annehmlichkeiten in meinem Leben bewusster wahrzunehmen.«*

• Liste auf, was du alles erreichen kannst, wenn du aufhörst, die Barrieren um dich her zu rechtfertigen, und sie stattdessen überwindest.

  Wenn du möchtest, dann suche dir ein höheres Ziel, an dem du dich ausrichten kannst. Richte dich zum Beispiel an »Liebe« aus. Frage dich:

  - *»Was würde sich für mich ändern, wenn ich anderen, dem Leben und mir selbst gegenüber liebevoller wäre?«*
  - *»Wie könnte ich liebevoller denken/handeln/reden?«*

DEIN MANTRA FÜR TAG 8

»Ich bin GRÖSSER UND STÄRKER als das hier.

Ich KANN vorankommen, wenn ich mich von den Ausreden losmache, NICHT voranzukommen.«

TAG 9

Allein
ALLEIN

Wenn ich raten müsste, würde ich sagen: Du hast dich in dein SCHNECKENHAUS zurückgezogen.

Es kommt dir so vor, als ob niemand dich verstehen kann. Und wenn du so drauf bist wie jetzt, will ja sowieso niemand Zeit mit dir verbringen, denkst du.

Vielleicht scheint dir auch die Kraft zu fehlen, um dich mit anderen zu treffen. Vielleicht wirkt der Umgang mit anderen einfach zu schwierig.

Möglicherweise bleibst du lieber auf Abstand, weil du verletzt wurdest und es für sicherer hältst, keine Intimität mehr zu riskieren.

Also bleibst du allein. Es ist ja auch viel leichter so, hm? Kein Streit, kein Stress, keine Notwendigkeit sich zu erklären.

Alles wunderbar, bis auf den Umstand, dass du EINSAM bist!

Vielleicht ist das kein ungewohntes Gefühl für dich. Vielleicht rührt sogar deine Depression selbst teils auch daher, dass du dich schon immer außen vor gefühlt hast. Vielleicht bist du deprimiert, WEIL du einsam bist.

Aber nicht (nur) die anderen haben dich isoliert – das hast (auch) du selbst getan. Es ist an der Zeit für deine ersten Schritte hin zu mehr Kontakt mit den Menschen und der Welt.

Wir alle BRAUCHEN GESELLSCHAFT, ganz egal, wie sehr du dich davon überzeugt hast, allein sein zu wollen. Zeit mit anderen erweitert unsere Perspektive, lässt uns aus unserer kleinen Nische hinaustreten und uns das Leben aus einem anderen Blickwinkel sehen. Zudem stärken soziale Bindungen unsere körperliche Gesundheit. Ja, wir Menschen sind darauf PROGRAMMIERT, soziale Bindungen einzugehen. Genau deswegen schmerzen Zurückweisung und Verlassenwerden auch so sehr.

Wie fest du dich binden möchtest, bleibt ganz dir überlassen. Niemand verlangt, dass du dich auf eine Intimität einlässt, mit der du dich nicht wohlfühlst! Aber selbst reine Internetkontakte sind für den Anfang besser als gar keine.

Trotzdem solltest du natürlich darauf achten, mit welcher Art Menschen du Zeit verbringst. Wusstest du, dass der Umgang mit OPTIMISTEN deine Fähigkeit zum Glücklichsein um fünfzehn Prozent PRO Optimist erhöht? (Das Gegenteil ist ebenso der Fall!) Umgib dich mit sieben glücklichen Menschen und du wirst dich womöglich nicht wiedererkennen!

Auch wichtig: Triff dich mit anderen, weil es sich gut anfühlt, nicht, weil du sie brauchst. Aus Bedürftigkeit zu handeln, entfernt dich womöglich von dem Gewünschten. (Erinnern wir uns an Tag 4.) Anders liegen die Dinge, wenn du überhaupt erst mal jemanden brauchst, der dir ein offenes Ohr schenkt (vergleiche die »Division« am Tag 5). Es ist also okay, jemanden zu brauchen. Heute aber geht es uns um etwas anderes.

Sieh das Knüpfen sozialer Kontakte nicht als Wettbewerb oder Test an. Versuche, möglichst UNVOREINGENOMMEN auf andere zuzugehen. Je mehr du sie so akzeptierst wie sie sind und ihre Gesellschaft genießt – statt dir sofort Sorgen zu machen, ob du zu ihnen passt –, desto eher werden auch sie dich so akzeptieren wie du bist.

Erzwinge es nicht. Es muss nicht beim ersten Versuch klappen. Schau einfach, wie es läuft. Manchmal wirst du wie von selbst hineinfinden, manchmal nicht – das geht uns ALLEN so! Suche einfach so lange Kontakt zu anderen Menschen, bis du die richtigen gefunden hast.

Vielleicht fühlt sich dein Unterfangen zunächst angsteinflößend an, doch Angst macht nur das, was nicht vertraut ist. Wenn du am Ball bleibst, wirst du sehen, dass es dir nach und nach immer leichter fällt.

ÜBUNGEN FÜR TAG 9

- Starte den heuten Tag mit ein paar KURZEN UND EINFACHEN Kontakten, wie zum Beispiel einem Gespräch mit einem Nachbarn oder einer Verkäuferin, das über »Hallo« und »Auf Wiedersehen« hinausgeht.

- Such dir ein INTERESSE oder ein HOBBY, über das du Gleichgesinnte finden kannst. Webseiten wie »Meetup« oder »spontacts« können dir dabei helfen. Es stehen wortwörtlich Tausende von Möglichkeiten zur Auswahl, und du kannst genau dann und genau so oft teilnehmen, wie es dir passt. Auch an einem Schwarzen Brett, zum Beispiel dem der Bücherei, der Uni oder der Turnhalle könntest du fündig werden.

- FÜHR DICH SELBST HÜBSCH AUS! Stell dir vor, du hättest »ein Date mit dir selbst«. Geh ins Kino, auf ein Konzert oder in eine Galerie. Sieh das Ganze als Verwöhnprogramm. Genieße die Freude an der Unabhängigkeit und die Freiheit, zu tun was du willst.

- Zieh in Betracht, dir einen Hund oder ein anderes HAUSTIER anzuschaffen. Beachte aber bitte, dass Bello, Miezie oder Pieps empfindsame Lebewesen sind, für die du Verantwortung übernehmen musst. Geh alternativ zum Beispiel in einen Hundepark und verbring dort Zeit mit ein paar freundlichen Vierbeinern. Normalerweise haben die auch freundliche Herrchen oder Frauchen im Schlepptau! Nachbarn von dir, die einen Hund haben, freuen sich vielleicht, wenn du ab und an mit ihm Gassi gehst.

- ENGAGIERE DICH EHRENAMTLICH. Dadurch hilfst du nicht nur anderen, du triffst auch Menschen, denen der gleiche gute Zweck am Herzen liegt, und du denkst mal an etwas anderes.
- Such dir ein STAMMCAFÉ. Geh zum Beispiel ab heute einmal wöchentlich zu dem hübschen Lokal bei dir um die Ecke. Nimm dir ein Buch mit oder die Zeitung. Nach einer Weile wirst du ganz von selbst Kontakt zur Belegschaft aufgenommen haben und vielleicht kommst du sogar mit anderen Stammgästen ins Gespräch.

DEINE MANTRAS FÜR TAG 9

»Niemand wird verurteilt, weil er Freunde finden will.«

»Wenn ich mich wertschätze, werden andere es auch tun.«

TAG 10

Was lange gärt, wird endlich WUT

Sigmund Freud beschrieb eine Depression als »nach innen gerichtete Wut.«

Wenn du mich fragst, ist deine nach innen gerichtete Wut ursprünglich nach außen, auf andere gerichtet. Du hast sie aber zum Beispiel aus folgenden Gründen in dich hineingefressen:

- *Weil du von den anderen ABHÄNGIG warst.*
- *Weil sie dich KONTROLLIERT haben.*
- *Weil du Angst hattest dass sie dich VERLASSEN, wenn du deine Gefühle zeigst.*
- *Weil du Angst hattest, dass sie dich ABWEISEN, wenn du nicht nachgiebig und lieb bist.*

SELBSTHASS entsteht oft dadurch, dass wir uns für die Fehler anderer an uns selbst rächen. Aus zum Beispiel folgenden Gründen gehen wir statt auf andere auf uns selbst los:

- *Die anderen jagten uns damals oder jagen uns noch immer zu viel Angst ein.*
- *Insbesondere im Kindesalter ignorieren wir Fehler bei denjenigen, von denen wir abhängig sind. Denn sonst müssten wir uns ja in Gefahr, womöglich in Lebensgefahr sehen. Lieber schreiben wir die Fehler uns selbst zu.*
- *Wir sehnen uns verzweifelt nach Liebe und Anerkennung. Wenn man uns im Stich lässt, neh-*

men wir automatisch an, wir wären nicht liebenswert.

- *Wir glauben, was jemand anders an uns kritisiert oder verurteilt.*

Das Problem ist, wenn du dich selbst nicht liebst, dann tust du dir selbst all das an, was andere dir deiner Befürchtung nach antun würden! Dazu gehört:

- *Vernachlässigung*
- *Verurteilung*
- *Sabotage*
- *Verletzung*
- *Einsamkeit*

Wenn du dich selbst hasst, lässt du quasi einen inneren SCHLÄGERTYPEN auf dich los, der dir ins Gesicht brüllt, wie erbärmlich, unnütz, hoffnungslos schwach und grundlegend schlecht du doch bist.

Wir neigen dazu, Wut zu unterdrücken, weil wir sie fürchten. WUT AN SICH IST JEDOCH NICHT ZWANGSLÄUFIG ETWAS SCHLECHTES. Wut ist eine NATÜRLICHE Emotion, die dich MOTIVIEREN und dich für deine Überzeugungen EINSTEHEN lassen kann. Sie kann dir helfen, dich auf eine gesunde Art und Weise zu behaupten. Nicht die Wut an sich ist das Problem, sondern wie wir mit ihr umgehen.

Ungezügelt nach außen gerichtete Wut kann sich zu Aggression oder gar Gewalt auswachsen. Ungezügelt nach innen gerichtete Wut kann zu exzessiver Selbstkritik, geringem Selbstwertgefühl und in letzter Konsequenz zu einer Depression führen. Nichts davon ist gesund.

Was also tun mit dieser selbstzerstörerischen Wut?

- *Lass sie raus! Verleih ihr Ausdruck auf eine Art, die weder Gewalt noch Selbsthass beinhaltet (Tipps: siehe »Übungen für Tag 10«).*
- *Versuch nicht länger, andere zur Wiedergutmachung zu bewegen! Sie werden sich womöglich nie entschuldigen, freundlich sein, oder auch nur einsehen, dass sie etwas falsch gemacht haben!*
- *Entlarve deinen inneren Ankläger als das, was er ist – ein skrupelloser Haudrauf, der dich einzig und allein leiden sehen will.*
- *Werde wütend auf diesen Haudrauf! Verteidige dich gegen ihn, so, wie ein guter Freund oder eine gute Freundin es tun würde. (Erinnerst du dich? An Tag 3 haben wir das bereits ähnlich geübt.)*

Ach, und übrigens: Vielleicht gibst du ja auch mal ordentlich KONTRA! Das geht umso besser, je eher du damit aufhörst, an die Kritik zu glauben und sie zu bestärken.

ÜBUNGEN FÜR TAG 10

- Schlag auf ein Kissen ein.
- Brüll unter Wasser.
- Schrei in deinem Auto.
- Verprügle einen Gegenstand.
- Schreib einen wütenden Brief.
- Rede dir die Wut von der Seele.
- Stell dir vor, die Person, die dich verletzt hat, säße dir gegenüber. Sag ihr, wie du dich fühlst. Lass alles raus.
- Was, wenn du deinem inneren Ankläger einfach nicht glauben würdest? Versuche, negativem Denken kein Gehör zu schenken.
- Was, wenn du einfach mal netter zu dir wärst? Erweise dir etwas Freundlichkeit und konzentriere dich auf deine GUTEN Eigenschaften – die haben wir ALLE!
- Schau dir hier noch einmal die Liste mit Dingen an, die deiner Befürchtung nach andere dir antun, während hingegen du selbst sie dir antust:
  - *Vernachlässigung*

- *Verurteilung*
- *Sabotage*
- *Verletzung*
- *Einsamkeit*

Nimm dir vor, so etwas künftig früher zu bemerken. Und wenn du es bemerkst, dann erinnere dich daran, dass du ja netter zu dir sein wolltest.

DEIN MANTRA FÜR TAG 10

*»Ich stehe für mich ein,
ich stehe mir bei.«*

TAG 11

Die Lehren der SIRI

Wo du emotional landest, hat weniger mit DEN ÄUSSEREN UMSTÄNDEN zu tun, als du denkst, sondern vor allem damit, wie du auf sie reagierst und über sie denkst.

Es SCHEINT vielleicht so, dass die äußeren Umstände, die ja schließlich deinen Schmerz, deine Verzweiflung, deine Wut, deinen Selbsthass ausgelöst haben, schuld an deinem jetzigen Zustand sind. Tatsächlich sind sie aber nur HINDERNISSE auf deinem Weg. Steuerst du an ihnen vorbei, so wirst du dorthin gelangen, wo deine wahre Bestimmung liegt. Es ist wichtig, dass du dir ein ZIEL setzt und daran glaubst, es erreichen zu können. Das kannst du auch, indem du dich beharrlich darauf zu bewegst.

Das größte Problem für Menschen, die sich auf den Weg zur Genesung machen, besteht darin, dass sie sich verirren, vor Hindernissen zum Stehen kommen oder sogar die Gegenrichtung schnurstracks zurück nach Jammerstadt einschlagen, weil sie finden, dass die Reise zu lange dauert.

Nicht das, was dir passiert ist, macht den Unterschied, sondern WIE du deine GEDANKEN darüber LENKST. Bieg falsch ab, und der Verlust deines Jobs ist ein Desaster. Bieg richtig ab und er ist die Chance, etwas Besseres zu finden.

Du kannst nicht von einem emotionalen Zustand zu einem anderen gelangen ohne einen Gedanken, der dich dorthin bringt. Du bist nicht erst froh und dann traurig, oder erst entspannt und dann wütend, ohne zu DENKEN, dass es etwas GIBT, worüber du traurig oder wütend bist.

Verändere das, was dich stört, indem du deine Gedanken in die RICHTIGE RICHTUNG lenkst. Indem du also die Situation aus einem positiven Blickwinkel betrachtest und dein Schicksal selbst in die Hand nimmst.

Die meisten von uns sind darin nachlässig. Wenn wir nicht aufpassen, wird aus ein paar vereinzelten negativen Gedanken schnell eine innere Dauerbeschallung, die uns geradewegs über die Klippe jagt!

Jeder Gedanke wirkt wie eine Art Befehl. Durch deine Gedanken setzt du das Ziel deiner Gefühle fest. Genauso, wie wenn du ein Ziel in dein Navi eingibst.

Wenn DU deine Gedanken lenkst, kannst folglich auch DU bestimmen, wo sie am Ende landen.

Warum schickst du sie also in üble Gegenden voller Schlaglöcher? Warum lässt du sie gar in einen Abgrund stürzen? Dein Geist ist ein WERKZEUG. Setze es so ein, dass es dir NÜTZT.

Wer sitzt hier eigentlich HINTERM STEUER? Lässt du deinen Geist einfach ZIELLOS DURCH DIE GEGEND fahren? Glaubst du nicht, dass du da ein Wörtchen mitzureden hast? Du bist nicht das Opfer deiner Gedanken. Du hast das KOMMANDO über sie. Gib dich nicht der Vorstellung hin, du wärst deinem Geist hilflos ausgeliefert. Es ist DEIN Geist.

DU entscheidest, wohin er sich bewegt – von deinem gewünschten Ziel weg oder zu ihm hin.

Natürlich wird es sich seltsam anfühlen, wenn du zum ersten Mal wieder das Steuer übernimmst. Dein Geist war so lange auf Autopilot, dass er sich vermutlich daran gewöhnt hat.

Wenn du ihn aber RUHIG und BESTIMMT auf den richtigen Weg zurücklenkst, wird er nicht anders können, als sich zu fügen.

Stell es dir vor wie die ruhige, aber beharrliche Stimme deines Navis. Vielleicht glaubst du ihr manchmal nicht, dass du hier abbiegen oder dort wenden sollst, und fährst einfach weiter geradeaus. Siri lässt sich davon weder irritieren, noch wird sie wütend. Sie berechnet ganz einfach eine neue Route zum Ziel. Genau so funktioniert dein INNERES LEITSYSTEM. Es äußert sich als ruhige Stimme, die dir den Weg weist.

Deine INTUITION ist es, die da spricht. Übe dich darin, ihr zu VERTRAUEN. Sie hält dich auf Kurs und verhindert, dass du in eine Sackgasse gerätst oder womöglich im nächsten Graben landest.

ÜBUNGEN FÜR TAG 11

- Stell dir vor, du hättest deine ganz eigene Siri an Bord. Ihre Stimme erkennst du daran, dass sie ruhig und geduldig ist und niemals wütend klingt. Wenn deine Gedanken auf dem richtigen Weg sind, wirst du dich ENTSPANNT und SICHER fühlen. Lass dich von deiner inneren Siri durch den Tag navigieren.

- Beachte, dass nicht jede MÖGLICHE Abzweigung auch eine GUTE ist. BERGAB fährt es sich zwar wie von allein, aber diese Richtung wollten wir ja meiden.

- Wenn deine Gedanken trotzdem abschweifen (und das werden sie), bedeutet das nicht, dass du etwas falsch gemacht hast – es bedeutet lediglich, dass du dich VERFAHREN hast. WENDE einfach und finde auf die richtige Strecke zurück. Übe dich darin, schlechte Gefühle als Hinweis deines Leitsystems auf eine Kursabweichung zu erkennen.

- Dein Geist ist programmiert, sich auf das zu konzentrieren, was dich am meisten interessiert! Achte darauf, was deine größte Aufmerksamkeit erregt und worum deine Gedanken am häufigsten kreisen. Ist das etwas, wovon du dir mehr wünschst?

DEINE MANTRAS FÜR TAG 11

»Mein Geist wird geformt durch das, worauf ich mich konzentriere.«

»Meine Erfahrung besteht aus den Dingen, denen ich meine Aufmerksamkeit zu schenken entscheide.«

TAG 12

Hirn-O.P. zum SELBERMACHEN

Wusstest du, dass du tatsächlich VERÄNDERN kannst, wie DEIN HIRN funktioniert?

Wenn du mir nicht glaubst, dann schauen wir doch mal, welche solcher Veränderungen du im Zuge deiner Depression bereits »geschafft« hast:

Du hast es »geschafft«:

- *Schlaflosigkeit zu entwickeln*
- *deinen Appetit zu verlieren oder aber zu viel zu essen*
- *dich grundlos schuldig zu fühlen*
- *permanent gereizt zu sein*
- *aufzuhören, das Leben zu genießen*
- *Probleme im Umgang mit anderen Menschen zu entwickeln*
- *das Gefühl zu haben, dass alles hoffnungslos ist*

Man könnte jetzt argumentieren, dass die Depression diese Symptome ausgelöst hat, doch damit würde man den Ochsen hinter den Pflug spannen.

Wenn du etwas OFT GENUG tust, zum Beispiel über einen anhaltenden Zeitraum negativ denkst, dann kannst du dir sicher sein, dass so etwas – aber hallo! – die Funktionsweise deines Hirns verändert.

Wenn du POSITIVE Gedanken BETONST, ist das nicht etwa bloßes Wunschdenken. Indem du dich nämlich AKTIV deines Denkens annimmst, behebst du genau die Schäden, die durch die vormals so pessimistische Sichtweise angerichtet wurden.

Die Quintessenz lautet:

– *Du kannst nicht weiter deprimierende Gedanken denken, die dich nur runterziehen, und gleichzeitig erwarten, dass du dich glücklicher fühlst!*

Um es mit Helen Schucman zu sagen: Wirkungslose Gedanken gibt es nicht. Alles Denken formt auch etwas.

GEDANKEN über Ereignisse, Situationen und Menschen in deinem Leben sind MEINUNGEN über sie. Und diese Meinungen können etwas zur Hölle oder zum Himmel auf Erden machen.

Jeder Gedanke ist KREATIV.

Die wenigsten von uns sind geschickt darin, »gut zu denken«. Zu wissen, wie du dein Denken aufräumst, ist die größte Heilkraft, die es gibt.

Die gängigsten Fehler beim Denken sind:

- **VORSCHNELLE SCHLUSSFOLGERUNGEN**

  »BESTIMMT sind jetzt alle sauer auf mich.«

- **VERALLGEMEINERUNGEN**

  »Mir passiert NIE etwas Gutes.«

- **ICHBEZOGENHEIT**

  »Sie ist so still. Bestimmt ist sie unzufrieden MIT MIR.«

- **ÜBERZOGENE SELBSTKRITIK**

  »Ich bin SO EIN IDIOT!«

- **VERSTÄRKUNG DES NEGATIVEN/NICHT-BEACHTUNG DES POSITIVEN**

  »Der GANZE TAG war ruiniert.«

- **SCHWARZMALEREI**

  »Ich weiß genau, dass ETWAS FURCHTBARES passieren wird.«

- **POLARISIERUNG**

  »Ich sehe ABSOLUT NICHTS Gutes an der Sache.«

- **GEDANKENLESEN**

  »ICH WEISS, WAS DU DENKST. Du denkst nur das Schlimmste von mir.«

- **SCHULDZUWEISUNGEN**

  »Das ist nicht meine Schuld! DIE haben mir das angetan!«

Jedes Mal, wenn du auf Ereignisse mit negativen, pessimistischen Gedanken oder innerer Selbstgeißelung reagierst, baust du den Steg zu DEM Teil deines Gehirns aus, der Trauer und Schmerz registriert. Machst du das oft genug, so wird aus diesem Steg eine AUTOBAHNBRÜCKE, die dich beim geringsten Anlass automatisch dorthin bringt.

Dann verwandelst du die HARMLOSESTEN Probleme in Desaster und GANZ NORMALE Misserfolge in Tragödien.

Wenn du STÄNDIG in dieser Art auf das Leben reagierst, wirst du nicht nur übersensibel, du erzeugst auch GENAU DIE Stresshormone, die dich erst recht depressiv machen.

Etwas muss sich ÄNDERN. Nimm eine Hirn-O.P. vor, bau eine NEUE BRÜCKE, die dich zu den WOHLFÜHLHORMONEN führt. Zu den Hormonen, die du brauchst, um wieder ins Gleichgewicht zu kommen.

Wie aber lautet der BAUPLAN für diese Brücke? Nun: Tritt einen Schritt zurück, bevor du auf etwas reagierst. Entscheide dich, auf eine STABILERE Art und Weise zu denken. Denn das AKTIVIERT den WOHLFÜHLTEIL deines Hirns. In anderen Worten: Übe dich darin, Herausforderungen RUHIG UND PRAGMATISCH in Angriff zu nehmen, statt dich blind von ihnen lenken zu lassen.

Machst du das häufig genug, so wirst du nicht nur immer öfter GANZ VON SELBST auf deiner neuen Brücke zum

Wohlfühlteil deines Hirns reisen, sondern gleichzeitig merken, wie die alte Brücke aus Mangel an Gebrauch nach und nach VERFÄLLT!

Du kannst dein Hirn TATSÄCHLICH verändern! SO MÄCHTIG bist du!

Deine neue Brücke baut sich nicht von jetzt auf gleich und auch nicht über Nacht, doch das Fundament kannst du hier und heute schon legen. Übung macht den Meister.

(Einen tieferen Einblick in diesen Prozesses erhältst du in der überarbeiteten und erweiterten Ausgabe meines Buchs *Taming the Black Dog*.)

ÜBUNGEN FÜR TAG 12

- Achte heute besonders genau auf deine Gedanken. Verfolge jeden einzelnen von ihnen, werde dir ihrer Gemeinsamkeiten bewusst. Beurteile diesen Prozess nicht. BEOBACHTE, auf welche Art all das, was du dir SAGST, damit zusammenhängt, wie du dich FÜHLST.

- Zeichne eine Tabelle mit zwei Spalten auf ein Blatt Papier. Schreibe in die linke Spalte DIE beobachteten Gedanken, die dich (am meisten) deprimiert haben. Schreibe anschließend in die rechte Spalte, was du dir stattdessen AUFBAUENDES hättest sagen können.

- Was könntest du ALS ERSTES an deinem Denken ändern, um das FUNDAMENT für deine neue Brücke zu legen?

DEIN MANTRA FÜR TAG 12

»Ich kann alte Brücken hinter mir abreißen, indem ich NEUE baue.«

TAG 13

Hilft es?

ANNAHMEN sind keine FAKTEN. Oft klammern wir uns sogar an VERALTETE Annahmen – häufig über unsere Schwächen –, ohne sie zu überdenken, zu hinterfragen oder anzufechten. Ein Beispiel: »Ich bin nicht gut in Sport.« Wo hast du das GELERNT? STIMMT es noch? Hat es JE gestimmt? Und, vor allem: HILFT DIR das irgendwie weiter?

Ungefragt übernehmen wir Haltungen und Vorstellungen, die vielleicht SEIT GENERATIONEN weitergereicht werden und womöglich VON ANFANG AN weder zutreffend noch hilfreich waren!

Nachher lebst du noch immer nach irgendeiner »Familienreligion« – einem »Kodex« aus Grundsätzen und Verhaltensweisen, der in deiner Familie oder deiner Kultur vor meinetwegen zweihundert Jahren oder so ins Leben gerufen wurde!

Die Frage lautet: HILFT DIR dieser Kodex? Oder schadet er vielmehr?

In dem Film *Bridge of Spies – Der Unterhändler* spielt Tom Hanks einen amerikanischen Anwalt, der während des Kalten Krieges als Pflichtverteidiger eines enttarnten sowjetischen Spions fungiert. Während die beiden Männer Zeit miteinander verbringen, bauen sie gegen alle Wahrscheinlichkeit Nähe zueinander auf. Am Ende ist der Anwalt Zeuge bei der Übergabe seines Klienten an die sowjetische Seite. Das Schicksal des Spions ist unklar – wird er als Held willkommen geheißen oder wird er erschossen?

»Haben Sie keine Angst?«, fragt Hanks in seiner Rolle den auffallend ruhigen Gefangenen.

»Würde es helfen?«, fragt der zurück.

In den letzten beiden Kapiteln hast du gelernt, dass deine GEDANKEN deine GEFÜHLE beherrschen. Folglich beeinflussen deine ANNAHMEN über zum Beispiel ein Ereignis, dein ERLEBEN dieses Ereignisses.

Im Grunde ist etwas für dich WAHR, sobald du GLAUBST, dass es wahr ist.

Denkst du ständig aufs Neue daran, was du bereust oder was dich schmerzt, blickst du immer wieder düster in die Zukunft und machst dir übermäßig Sorgen? Die Frage danach, ob dieses Verhalten HILFREICH ist, kann von jetzt an ein großartiges Werkzeug sein.

Sich schlecht zu fühlen wird manchmal zur GEWOHNHEIT. Zuweilen suchen wir geradezu nach Dingen, die uns unglücklich machen oder unseren unglücklichen Zustand in Stein meißeln.

Warum tun wir so etwas? Nun, zum Beispiel, weil:

- *wir dadurch Mitleid bekommen*
- *sich dadurch andere um uns kümmern, sich um uns sorgen*
- *wir uns dadurch gar nicht erst Mühe geben müssen*

- *wir dadurch einen Grund haben, uns nicht von der Stelle zu rühren*

Machen wir aber immer so weiter, fügen wir uns damit irgendwann nur noch Schmerzen zu. Irgendwann HILFT uns die Schlechtfühlgewohnheit nicht mehr. Genau dann kann Veränderung eintreten.

Zu Annahmen, die NICHT HILFREICH sind, gehören:

- *Ich bin zu schwierig, um geliebt zu werden.*
- *Ich bin zu versehrt, um geliebt zu werden.*
- *Das Leben hat es auf mich abgesehen.*
- *Menschen tun mir immer nur weh.*
- *Ich erreiche nichts im Leben.*

Sie helfen dir nicht, dich weniger deprimiert zu fühlen. Im Gegenteil.

Ist wohl an der Zeit, sie loszulassen, hm?

ÜBUNGEN FÜR TAG 13

- Liste auf, worin du deiner Annahme nach nicht gut bist. Zum Beispiel im Zeichnen, in bestimmten Sportarten usw. Jetzt denk über Folgendes nach:

  Woher weißt du das? Stimmt es oder hast du nur aufgehört, dich in diesen Fertigkeiten zu VERSUCHEN, weil du GEGLAUBT hast, es würde stimmen? Was hat dich zu dieser Annahme bewegt?

- Schreibe auf, was du über deine Depression annimmst (zum Beispiel, dass du nicht aus ihr hinaus gelangen kannst). Helfen diese Annahmen dir dabei, dich weniger depressiv zu fühlen?

- Achte heute darauf, was für Gespräche du führst – sowohl mit anderen als auch in Gedanken mit dir selbst. Sind sie hilfreich oder schädlich?

- Versuche Gedanken nach dem Motto »Ich wette, das klappt sowieso nicht« zu vermeiden. Sage dir stattdessen: »Ich nehme die Herausforderung an.«

DEIN MANTRA FÜR TAG 13

»Ist es WAHR? HILFT es?«

TAG 14

Hat keine Bedeutung

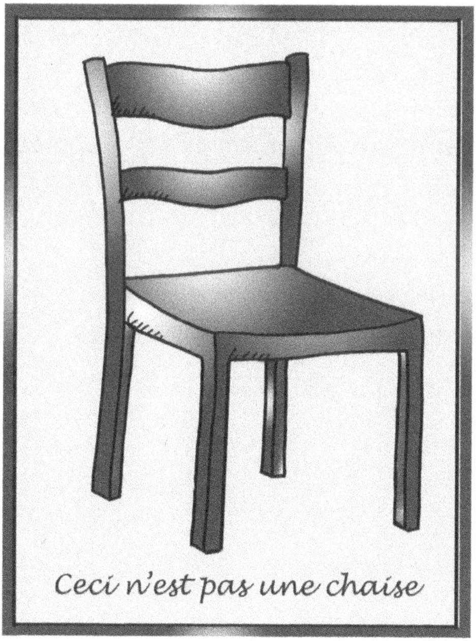

Ein Gegenstand ist NUR EIN GEGENSTAND, eine Erfahrung NUR EINE ERFAHRUNG. Eine Aussage ist BLOSS EINE ANSAMMLUNG VON WORTEN, eine Person zunächst WEDER FREUND NOCH FEIND. Ein Ereignis ist WEDER ANGENEHM NOCH UNANGENEHM – bevor wir all dem eine BEDEUTUNG zuschreiben.

Nicht der Gegenstand, die Erfahrung, die Aussage, die Person oder das Ereignis verursachen dein emotionales Leid, sondern die BEDEUTUNG, die du ihnen verleihst.

Der eine findet es UNERTRÄGLICH HEISS im Zimmer, dem anderen ist es VIEL ZU KALT darin. Wer von beiden hat recht?

EINE BRAUT mag AM BODEN ZERSTÖRT sein, weil es bei ihrer Feier im Freien regnet, ein dürregeplagter LANDWIRT schlägt gleich nebenan vielleicht PURZELBÄUME VOR FREUDE.

Damit du etwas auf deine eigene Art wahrnehmen kannst, musst du es durch einen FILTER betrachten.

Dieser Filter besteht aus:

- *deiner Konditionierung*
- *deinen früheren Erfahrungen*
- *deinen Erwartungen*
- *deinen Vorurteilen*
- *deinen Neigungen*

Sagen wir, in der Ecke deines Zimmers steht ein Stuhl. An und für sich ist er einfach nur: ein Stuhl. Wenn wir ganz streng sind, ist er nicht einmal das, sondern bloß ein Gebilde aus Holz oder Metall, das wir »Stuhl« nennen. Es ist ein Gegenstand, der über eine grundlegende Funktion – man kann drauf sitzen –, sonst jedoch über KEINE Bedeutung verfügt.

Was aber, wenn er ein wertvolles ERBSTÜCK wäre? Oder wenn er GENAU DER Stuhl wäre, auf dem deine Mutter dir früher immer die Brust gab? Was, wenn es DAS ERSTE MÖBELSTÜCK wäre, das du dir von deinem eigenen Geld gekauft hast? Oder wenn er DAS EINZIGE wäre, was du aus deinem brennenden Haus hast retten können? Was, wenn du diesen Stuhl POTTHÄSSLICH finden würdest, aber dein Ehepartner dir nicht erlaubt, ihn wegzuwerfen?

In jeder dieser Situationen hättest du dem Gebilde aus Holz oder Metall namens Stuhl eine Bedeutung verliehen. Und würdest genau deswegen auch etwas FÜHLEN, wenn du ihn ansiehst.

Ganz automatisch verleihen wir ALLEM UND JEDEM um uns her eine Bedeutung. Wir DENKEN, dass dies hier X bedeutet und jenes dort Y. Wenn X etwas Negatives ist, ruft es negative Gefühle hervor. Wenn Y etwas Positives ist, ... Klar geworden, oder? Der Trick besteht darin, die BEDEUTUNG zu ÄNDERN!

Oder, in einem ersten Schritt, die Bedeutung zu BESEITIGEN, denn dann werden die negativen Gefühle verschwinden ... und vielleicht ja sogar PLATZ MACHEN für positive Gefühle.

Menschen, die große Herausforderungen meistern konnten, haben die Bedeutung ihrer »Tragödie« oder ihres »Desasters« verändert. Aus der »Tragödie« wurde eine Erkenntnis, aus dem »Desaster« ein Wendepunkt, ja sogar eine MOTIVATION, sich zu bessern oder anderen in einer ähnlichen Lage zu helfen.

Sie haben ihren Schwierigkeiten eine NEUE BEDEUTUNG verliehen. Sie haben sie in einen KATALYSATOR FÜR POSITIVE VERÄNDERUNG verwandelt.

Wenn du deinen Job verlierst, bedeutet das nicht, dass bei dir Hopfen und Malz verloren sind. Wenn deine Beziehung endet, bedeutet das nicht, dass du kein liebenswerter Mensch bist. Selbst der Verlust eines Angehörigen bedeutet nicht, dass DEIN Leben zu Ende ist. Und deine schwere Kindheit muss nicht bedeuten, dass du auch als ERWACHSENER unglücklich bist.

ÜBUNGEN FÜR TAG 14

- Frage dich: Wie könntest du vergangenen Problemen eine neue Bedeutung verleihen?
- Tritt von den Ereignissen des heutigen Tages einen Schritt zurück und versuche, sie aus einem NEUTRALEN Blickwinkel zu betrachten. Registriere und beobachte sie, ohne ihnen eine Bedeutung zuzuweisen.

DEINE MANTRAS FÜR TAG 14

»ICH entscheide, was das BEDEUTET.«

»Gestalte ich die Bedeutung ERFREULICH ODER ABSCHEULICH?«

TAG 15

Wage, DANKBAR zu sein

Du hast GAR NICHTS, stimmt's? ALLES ist verloren, oder?

Nun, so kann es sich auf jeden Fall ANFÜHLEN, wenn man eine Depression hat.

So schwer das in deiner aktuellen Lage auch erscheinen mag, ich möchte dich bitten: Übe dich in DANKBARKEIT. Sie kann WAHRE WUNDER für dein Wohlbefinden bewirken.

Wie du das anstellen sollst? Indem du dir vor Augen hältst, was schon wieder BESSER ODER SOGAR GUT funktioniert, statt immer nur auf das zu starren, was danebengeht. Mach dir klar, wie viel tatsächlich ZU DEINE GUNSTEN statt gegen dich läuft. Beginne, das Schöne um dich her, für das du so lange blind warst, endlich wieder WERTZUSCHÄTZEN. Je stärker du dich auf das Gute konzentrierst, umso mehr Gutes wirst du entdecken.

Ernsthaft, wenn wir mal drüber nachdenken: Wie kannst du es eigentlich wagen, NICHT dankbar zu sein?

Sehr wahrscheinlich hast du ESSEN IM BAUCH, ein WARMES BETT, ein DACH ÜBER DEM KOPF und GENUG GELD, um dir dieses Buch zu kaufen (oder eine Büchereikarte zu bezahlen).

Und du hast noch etwas, etwas SEHR WERTVOLLES – deinen KÖRPER und deinen GEIST.

Stell dir vor, man würde dich bitten, Inventur zu machen, wie viel Gutes dir in deinem Leben zuteil geworden ist. Vielleicht würde dir erst einmal gar nichts einfallen. Hier ein paar Tipps: Blumen, Vögel, Bäume, Wind, Sonne, Wasser, Regenbögen, Farben ... – ja, ein ganzer Planet voller Wunder!

Nimmst du all diese KOSTBARKEITEN für selbstverständlich hin? Pickst du dir ausgerechnet das Schlechte heraus? Du bist bei einem BANKETT! Warum in den KRÜMELN herumstochern?

Wenn du etwas nicht wertschätzt – in Ehren hältst, pflegst, dich darum kümmerst –, dann kann es dir entgleiten oder aus Vernachlässigung verkümmern. Vielleicht kommt es dir genau deswegen gar so vor, als hättest du es verloren, während du es in Wahrheit nur mehr würdigen müsstest. Und, am wichtigsten: Würdige und wertschätze DICH SELBST!

Dankbarkeit ist eines der besten Werkzeuge fürs Glücklicher-Sein. Statt dich also etwa nur heute darin zu üben, solltest du ein TÄGLICHES TRAINING daraus machen.

Dankbarkeit setzt Wohlfühlhormone wie Dopamin, Serotonin und Oxytocin frei und unterstützt eine positive Einstellung zu DIR SELBST, zu ANDEREN und zum LEBEN allgemein.

Außerdem ... funktioniert Dankbarkeit BESONDERS gut, wenn du dich sogar GRUNDLOS dankbar fühlen kannst!

Selbst, wenn du dir wie der unglücklichste Mensch der Welt vorkommst, wirst du raketenartige Verbesserungen sehen mithilfe von ... (ich weiß es nervt schon langsam) ... Dankbarkeit!

Unterschätze niemals, welche Macht sie hat.

Sie kann wie Magie wirken. Je mehr Gutes du wertschätzt, desto mehr Gutes wird in deinem Leben auftauchen. Gleiches zieht Gleiches an.

ÜBUNGEN FÜR TAG 15

- Dankbarkeit ist eine Entscheidung. Entscheide dich, heute dankbar zu sein.
- Tu so oft wie möglich etwas Nettes für andere. Hier ein paar Ideen:
  - *Teile jemandem deine Wertschätzung mit, indem du ihm oder ihr einen BRIEF schreibst.*
  - *Wirst du zum Beispiel im Restaurant angenehm bedient oder im Geschäft gut beraten, dann BEDANKE dich dafür beim Servicepersonal.*
  - *Mach jemandem ein KOMPLIMENT.*
  - *Überlasse jemandem die VORFAHRT.*
- Drücke deine Dankbarkeit durch einen Post in den sozialen Medien aus (»Wunderschöner Sonnenaufgang heute.« »Hurra, es wird Frühling.« »Gestern haben die Vögel so schön gesungen.«)
- Verbanne heute jegliches Gemecker und Gejammer!
- Fang an, ein DANKBARKEITSTAGEBUCH zu schreiben. Liste darin als erstes auf:
  - *welche drei Dinge DIR heute gut gelungen sind, sodass du dir selbst dafür danken kannst*

- *welche drei Dinge heute VON SICH AUS gut geklappt haben*
- *drei GUTE DINGE in deinem Leben*
- *drei MENSCHEN, die heute freundlich zu dir waren oder dich unterstützt haben*

Dies ist dein STARTSCHUSS. Wie viel mehr kannst Tag um Tag dazuschreiben?

- Ruf dir eine schwierige Zeit in Erinnerung, die schon länger zurückliegt. Offensichtlich hast du sie DURCHGESTANDEN. Sei dankbar dafür. Das kannst du wieder schaffen!
- Entdecke das Gute im Leben und STEIGERE deine Wertschätzung. Genieße ganz bewusst den Geschmack guten Essens, den Geruch der Natur, die Freundlichkeit und Zuneigung anderer Menschen.
- Zum Abschluss sieh in den Spiegel. Sag dir, dass du WERTVOLL ist. Sprich es laut aus.

DEIN MANTRA FÜR TAG 15

»Es gibt Gutes in meinem Leben, für das ich dankbar sein kann.«

TAG 16

Pass auf, was du dir WÜNSCHST

Vielleicht ist dir das nie bewusst gewesen, aber öfter als du denkst, hast du es sozusagen gar nicht anders gewollt!

Der verlorene Job – Hast du ihn GERNE gemacht?

Die gescheiterte Beziehung – Hat sie je FUNKTIONIERT?

Die untreuen Freunde – WAREN es Freunde?

Die Übergriffigen – Hast du ihnen KLARE GRENZEN gesetzt?

Die Respektlosen – Hast du Respekt von ihnen VERLANGT? Hast du DICH SELBST respektiert?

Vielleicht war das, was dir deiner Meinung nach »weggenommen« wurde, NICHT DAS RICHTIGE für dich. Und jetzt, da es weg ist, entsteht Raum für etwas ANDERES, etwas BESSERES!

Während einer Depression liegt unser Fokus sehr auf dem vermeintlich »Verlorenen«, statt auf dem, was wir HABEN.

Indem wir außerdem nur Schlechtes erwarten, öffnen wir genau diesem Schlechten regelrecht Tür und Tor.

Fang damit an, ETWAS BESSERES ZU ERWARTEN. VERLANGE es.

Wenn du nämlich immer nur darauf herumreitest, dass bei dir alles schiefläuft und es keine Hoffnung für dich gibt, dann VERTREIBST du damit erst recht alles Gute aus deinem

Leben. Denn wenn du so denkst, dann setzt du damit voraus, dass in dein Leben nichts Gutes HINEINPASST.

Stattdessen gilt es, sich auf das Gute sozusagen EINZU-GROOVEN.

»Aber ich fühle mich miserabel«, sagst du. »Wie soll ich das also anstellen?«

Der erste Schritt wäre, dass du versuchst, deine Stimmung Richtung NEUTRAL zu verschieben. Versuche, jene innere Kommentarspur loszuwerden, die alles in deinem Leben schlechtredet. Wende dafür die zweite Übungen von Tag 14 an. Hör erst einmal auf, die Dinge überhaupt zu bewerten, egal, ob gut oder schlecht.

Du KANNST das, was du dir wünschst, Wirklichkeit werden lassen. Orientiere dich an den folgenden Schritten:

1. Glaube daran, dass du Gutes haben kannst.

Das mag sich weit hergeholt anfühlen, aber du musst an die Möglichkeit von etwas GLAUBEN, damit es in dein Leben treten kann.

2. Entwickle eine konkrete Vorstellung vom Gewünschten.

Dabei musst du dir nicht unbedingt die genaue Sache an sich vorstellen (obwohl es hilfreich sein kann), sondern vor allem, wie es sich ANFÜHLT, sie zu haben. Auf das GEFÜHL zielen wir ab.

3. ERWARTE, dass es passiert.

Kein Wenn und Aber. Erwarte in unaufgeregter, sicherer Art und Weise das Eintreten des Gewünschten. So, wie du auch erwartest, dass morgen die Sonne aufgeht. Du liegst ja nicht schlaflos im Bett und machst dir Sorgen, ob es morgen wieder Tag wird. Nein, du WEISST es einfach.

4. Denk nicht weiter daran.

Wenn du es einmal verinnerlicht hast, dann brauchst du nicht mehr ständig in den Briefkasten zu sehen oder die Tür aufzumachen, um nachzugucken, ob es schon da ist. Du weißt einfach, dass es früher oder später DA SEIN WIRD.

5. Die konkrete Verwirklichung darf von deiner Erwartung abweichen.

Das Ziel ist das GEFÜHL, schon vergessen? Vielleicht dachtest du, du würdest das Gefühl durch einen roten Sportwagen erlangen, doch tatsächlich fühlst du dich genauso gut, weil jemand freundlich zu dir ist.

Du kannst DEINE GANZE WELT verändern, wenn du einmal den Dreh raus hast. Trau dich! Experimentiere! Heute geht's los!

Achte fortan verstärkt auf das, was GUT läuft, was du GENIESST, was sich ANGENEHM anfühlt. Einen noch größeren Effekt erzielst du, wenn du es laut aussprichst. »Der Salat schmeckt KÖSTLICH! Dieses Gemüse ist TAUFRISCH! Ich LIEBE das satte Rot dieser Tomaten!«

Teile deine Lobreden mit anderen Menschen. Beobachte, wie sie darin einstimmen. Wie deine Aussagen dich und andere GLÜCKLICHER machen.

ÜBUNGEN FÜR TAG 16

- Lass es langsam angehen. Wünsche dir heute nichts weiter als eine SCHÖNE KLEINE ÜBERRASCHUNG, egal, was genau. Wünsche dir einfach das Gefühl, das mit einer unerwarteten Annehmlichkeit einhergeht.

- Erinnere dich an deinen Wunsch, wenn dann zum Beispiel:
  - *ein Parkplatz frei wird*
  - *die Ampel grün bleibt*
  - *ein verschwundener Gegenstand wieder auftaucht*

- Beobachte, wie du Gewünschtes in dein Leben lockst. Mach dir auch gern einen SPASS daraus. Such dir zum Beispiel etwas aus, wonach es heute Ausschau zu halten gilt. Das kann ein blauer Kreis sein, ein roter Vogel oder ein gelbes Auto. Zähle, wie häufig du das Gesuchte auf einmal entdeckst.

- Denk darüber nach, welche Dinge dir »weggenommen« wurden. Was ist danach passiert? Stellte sich im Nachhinein heraus, dass es BESSER SO war?

- Wie könntest du darauf hinwirken, dass sich ein aktuelles Problem im Nachhinein als »besser so« herausstellt?

DEIN MANTRA FÜR TAG 16

»Heute erforsche ich, wie ich meine Welt erschaffe, statt ein Opfer der Umstände zu sein.«

TAG 17

Ich bin dann mal weg

Nein, wir kommen nicht daran vorbei, und heute ist es so weit. Heute sprechen wir über den ELEFANTEN IM RAUM. Über Suizid.

Ist dir Suizid noch nie in den Sinn gekommen? Oder: Sind dir SUIZIDFANTASIEN nicht unbekannt? Oder: Hast du schon einmal ERNSTHAFT über Suizid NACHGEDACHT? Oder: Hast du schon einmal VERSUCHT, dir das Leben zu nehmen?

Ich sagte dir ja, dass ich beim Schreiben meiner Bücher aus eigenen Erfahrungen schöpfe. Daher WEISS ich, was einem so alles durch den Kopf gehen kann:

- *»Endlich würde mein Schmerz beachtet werden.«*
- *»Endlich würden die anderen merken, wie sehr sie mich verletzt haben.«*
- *»Es wird doch eh nie wieder besser für mich.«*
- *»Endlich hätte diese Folter ein Ende.«*
- *»Vielleicht würde mich auf der anderen Seite etwas Besseres erwarten.«*
- *»Ich hasse mich. Womit habe ich es überhaupt verdient, am Leben zu sein?«*
- *»Meine Familie und meine Freunde wären ohne mich besser dran.«*

All das sind VERMEINTLICHE Gründe, die uns im depressiven Zustand DENKEN lassen, Suizid sei eine »Lösung«. Aber. Das. Ist. Er. Nicht.

Ich sag dir eins: Kneifen gilt nicht!

So. Suizid ist also vom Tisch. »Und wie soll ich stattdessen klarkommen?«, fragst du.

Die Antwort lautet: Du WIRST klarkommen. Du WIRST eine andere, eine ECHTE Lösung finden.

Überleg außerdem mal: Befindest du dich momentan in einer guten Ausgangssituation, um eine so MONUMENTALE, UNUMKEHRBARE Entscheidung zu treffen?

Nein. Wenn du depressiv bist, bist du nicht du selbst. Du schätzt die Situation nicht richtig ein. Du siehst die Dinge nicht klar.

Tot ist tot. Keine halben Sachen. So etwas wie »hoppla-ich habe-mich-anders-entschieden-tot« gibt es nicht.

Suizid ist nichts für dich. Vergiss es. Es ist eine schlechte Idee. Punktum.

ÜBUNGEN FÜR TAG 17

- Auch falls dir Suizid bisher nie ernsthaft in den Sinn kam, möchte ich heute folgende Übung mit dir machen, die eigentlich sogar ein kleines Ritual ist:

  Schließ deine Augen und stell dir vor, du stehst in der Mitte eines Gefängnishofs. Du bist umgeben von hohen Mauern, über die du nicht hinwegsehen kannst. LINKS von dir ist eine Tür mit der Aufschrift »SUIZID.« RECHTS von dir eine mit der Aufschrift »GEFANGEN BLEIBEN.« Auf einer Tür HINTER dir steht »VERGANGENHEIT«, auf einer VOR dir »ZUKUNFT.« Zu deinen Füßen liegen ein Hammer, Bretter und Nägel, ein Bohrer, Schrauben, Eisenketten und einige Vorhängeschlösser samt Schlüsseln.

  Geh zu der »Suizid«-Tür. Verschließe sie so FEST UND ENDGÜLTIG, dass sie nie wieder geöffnet werden kann. Verwende dafür alles an Werkzeugen und Material, was dir zur Verfügung steht. Behalte lediglich eine der Eisenketten und ein Vorhängeschloss zurück. Stelle sicher, dass die Tür nach getaner Arbeit kein Durchkommen mehr erlaubt. Sage dir dann: »Ich werde diese Tür niemals öffnen.« Wirf als letztes noch die Schlüssel der verwendeten Vorhängeschlösser über die Mauer.

Geh nun zur »Vergangenheit«-Tür. Sage dir: »Die Vergangenheit liegt hinter mir. Wenn ich diese Tür noch einmal öffne, dann nur, um meine Fortschritte zu erkennen.« Verschließ diese Tür mit der verbliebenen Kette und dem Vorhängeschloss. Den Schlüssel kannst du behalten oder ebenfalls über die Mauer werfen. Das liegt bei dir. Wenn du den Schlüssel jedoch behältst, setze ihn weise ein.

Als nächstes musst du eine WAHL treffen. Du könntest zum einen bleiben, wo du bist. Wenn das deine Wahl ist, solltest du dir klarmachen, was sie bedeutet. Öffne die »Gefangen bleiben«-Tür. Was siehst du? Du siehst Mauerwerk. Die Tür führt NIRGENDWO hin. Betrachte den Gefängnishof. Hast du ihn nicht langsam satt?

Deine Wahl könnte auch auf die »Zukunft«-Tür fallen. Was sich hinter ihr verbirgt, kannst du jetzt noch nicht sehen. Es gibt also keine Garantien. Du wirst es so nehmen müssen, wie es kommt. Allerdings bietet sie dir einen AUSWEG aus deiner Situation. Wirst du sie durchschreiten?

Nimm dir die Zeit, dieses Ritual in Ruhe auf dich wirken zu lassen.

- Falls du schon einmal ernsthaft über Suizid nachgedacht hast oder schon einmal versucht hast, dir das Leben zu nehmen, dann schreibe heute auf, welche Schritte du als erstes unternehmen wirst, um KLARZUKOMMEN. Denn genau das gilt es jetzt zu tun. Die Schritte dürfen ruhig klein sein, aber GEH SIE.

- Du denkst immer noch daran, dir das Leben zu nehmen? Dann RUF JEMANDEN AN. JETZT SOFORT! Unter der Nummer 0800-1110111 oder 0800-1110222 kann zum Beispiel zu jeder Tages- und Nachtzeit anonym und kostenlos die Telefonseelsorge erreicht werden. (www.telefonseelsorge.de, www.suizidprophylaxe.de)

- Denkst du gerade nicht akut an Suizid, kennst die Situation aber, dann überlege, wer dein/e Krisenansprechpartner/in sein könnte, wenn du wie oben zum Hörer greifen musst. Vielleicht kommt ja eine deiner Vertrauenspersonen von Tag 5 in Frage? Wähle nur jemanden, der oder die auch dazu bereit ist. Sprich mit ihm oder ihr darüber.

- Noch etwas: Warte immer bis zum NÄCHSTEN MORGEN, bevor du große Entscheidungen triffst. Und wenn es Winter ist, warte bis zum FRÜHLING! (Stichwort Winterdepression, vergleiche Tag 8, Seite 58) Ja, manchmal ist die beste Devise – abgesehen davon, jemanden anzurufen – tatsächlich abwarten. Ich setz schon mal den Tee auf.

DEINE MANTRAS FÜR TAG 17

»Ich KANN klarkommen. Ich WERDE klarkommen. Ich komme SCHON JETZT klar.«

»Alles GEHT VORBEI. Selbst dieser Schmerz wird VORBEIGEHEN.«

TAG 18

Die Welt ist im Eimer

»Schön und gut«, sagst du. »Dann bin ich also brav und BLEIBE auf dieser Welt.

Aber wofür eigentlich? Sie ist ein HÄSSLICHER Ort! Voller Gemeinheit! Voller Grausamkeit! Und von dem besch...eidenen Zustand unserer Umwelt habe ich noch gar nicht angefangen! Wie soll ich mich mitten in all diesem Elend auf irgendetwas freuen?«

Ich VERSTEHE, was du meinst. So kann es sich definitiv ANFÜHLEN!

Die Welt war SCHON IMMER CHAOTISCH und sie wird NIE PERFEKT sein. Wir Menschen werden auf ewig mit Dingen konfrontiert sein, die das Gegenteil von dem sind, was wir uns wünschen. Doch genau durch diese Herausforderungen WACHSEN wir.

Ohne Herausforderungen und Kontraste gäbe es keine VERBESSERUNGEN, keine neuen LÖSUNGEN oder bahnbrechenden ERFINDUNGEN.

Es ist leicht, sich der Vorstellung hinzugeben, die Welt sei vor die Hunde gegangen. Doch das liegt zum Teil wohlgemerkt auch daran, dass wir in der heutigen Zeit mit schlechten Nachrichten regelrecht BOMBARDIERT werden. SCHLECHTE Nachrichten sind immer sensationeller, sie erwecken mehr Aufmerksamkeit als gute, deswegen berichten die Medien so gern über sie.

Aber für jede schlechte Nachricht gibt es auch immer eine GUTE. Eine, die von GROSSZÜGIGKEIT, FREUNDLICHKEIT und SELBSTLOSIGKEIT handelt.

Versteh mich nicht falsch. Ja, Ungerechtigkeiten und unmenschliches Verhalten sind Realität und, nein, sie sollen auf keinen Fall unter den Teppich gekehrt werden. Denn indem sie ans Licht kommen, bringen sie NOTWENDIGE VERÄNDERUNGEN mit sich.

Lass mich dir kurz erläutern, wie ich das meine. Nehmen wir ein beliebiges Grauen großen Ausmaßes. Meinetwegen eine Umweltkatastrophe, Tote und Verletzte, Folter. So etwas macht zuallererst FASSUNGSLOS. Wie kann das bloß passieren?

Denken genug Menschen so, dann gibt es öffentliche EMPÖRUNG, PROTESTE, ERMITTLUNGEN, ANKLAGEN. Das Thema kommt auf die TITELSEITEN. Rufe nach Veränderung, nach Verbesserung werden immer lauter. Menschen VERBÜNDEN sich für dieses Ziel. Und wenn alles gut läuft, gibt es danach ein neues GESETZ, eine neue THERAPIE, eine neue LÖSUNG. ... Und die Welt geht zum nächsten Problem über.

Dieser Prozess wird NIE ZU ENDE sein. ALS SPEZIES aber WACHSEN wir Menschen. Wir ENTWICKELN uns ohne Unterlass. Und, ja, wir stehen immer zahlreicheren und größeren HERAUSFORDERUNGEN gegenüber. Das müssen wir als Menschheit AKZEPTIEREN. Wir müssen uns ANPASSEN.

Wir dürfen nicht vergessen, dass wir letzten Endes ALLE IM SELBEN BOOT sitzen.

Auf INDIVIDUELLER Ebene mag das Leben grausam erscheinen, doch es hilft, den Blick AUFS GROSSE GANZE zu richten, alles weniger PERSÖNLICH zu nehmen. (Erinnern wir uns an das Mantra von Tag 1.) ERWEITERTE deine Perspektive, betrachte die Dinge IN NEUEM LICHT.

Unglücklicherweise tragen wie gesagt die Medien, die sozialen Netzwerke oder sogar auch die Politik fleißig zu der Vorstellung bei, die Welt stecke voller Gefahren und Gewalt. Angst verkauft sich eben gut.

In anderen Worten: Uns wurde BEIGEBRACHT, nach dem Schlechten Ausschau zu halten. Dieses ausschließlich Schlechte stellt aber weder ein Gesamtbild dar, noch ist es der Wahrheit letzter Schluss.

Die Wahrheit lautet: Die Welt ist und war schon immer eine MISCHUNG aus Gut und Böse, Wahr und Falsch, Hass und Liebe, Hässlichem und Schönem. Und: Jeder und jede von uns kann durch den eigenen BEITRAG ein Stück weit EINFLUSS darauf nehmen.

ÜBUNGEN FÜR TAG 18

- Führ dir vor Augen, wie vielen Innovationen etwas Schreckliches vorausging. Die erste MONDLANDUNG war nur möglich, weil man aus früheren, teils tragisch missglückten Versuchen gelernt hatte. Erste IMPFSTOFFE wurden nur entwickelt, weil zuvor unzählige Menschen an Pocken gestorben waren.
- Sind wir jetzt wirklich SCHLECHTER dran als früher? Wirf einen Blick in die GESCHICHTSBÜCHER: Krankheiten, Umweltverschmutzung, Grausamkeit, Korruption und Armut. Alles NICHTS NEUES.
- Recherchiere im Internet fünf Beispiele für DAS GUTE IN DER WELT – zum Beispiel neue Recyclingmethoden, Tierschutz, medizinische Fortschritte oder Besserungen im Sozialwesen.
- Mach dir bewusst, wie sehr die Nachrichten auf SENSATIONSMACHE angewiesen sind. Der Typ, der EINEM KÄTZCHEN VOM BAUM HALF, wird es nie auf die Titelseite schaffen. Von unzähligen Akten der Freundlichkeit wirst du nie etwas zu hören bekommen, doch das BEDEUTET NICHT, dass es sie nicht GIBT.
- Überleg vielleicht doch mal: Wie könntest auch DU zu einer besseren Welt beitragen?

DEINE MANTRAS FÜR TAG 18

»Wenn ich nach dem Guten in der Welt suche, werde ich es finden; ebenso wie ich das Schlechte finde, wenn ich es suche.«

»Auch ICH leiste wie alle anderen einen BEITRAG zu der Wirklichkeit, die mich umgibt.«

TAG 19

Hoch die trüben Tassen! Noch EINE Runde Selbstmitleid!

Heute gönnen wir uns eine ähnliche AUSNAHME wie während unseres »Winterschlafs« an Tag 6. Verabschiede dich auch heute von dem Gedanken: »Ich sollte mich nicht so fühlen.« Lass heute deinen Gefühlen FREIEN LAUF.

Du hast EIN RECHT auf deine Gefühle. Schließlich hast du, und zwar nicht zu knapp, schwere Zeiten durchgemacht.

Wenn wir Emotionen unterdrücken, EXPLODIEREN sie gerne mal. Sie VERDICHTEN sich zu einer hochentzündlichen Mischung. Sitzt du auf einem solchen PULVERFASS, reicht schon der kleinste Funke, und du gehst in die Luft.

Aber, nein, hol jetzt NICHT das Streichholz raus. Wir wollen KEINE Explosion herbeiführen. Ebenso wenig wollen wir uns unseren Gefühlen hemmungslos HINGEBEN.

Nach einem hemmungslosen Wutanfall fühlt man sich oft bloß noch wütender, nach einem hemmungslosen Heulkrampf oft bloß noch trauriger. Das Besondere am LOSLASSEN der Gefühle besteht darin, dass man sich danach LEICHTER fühlt.

Am besten kannst du Gefühle loslassen, indem du sie dir als etwas vorstellst, das dich VERLÄSST. Vergleiche hierfür den ersten Punkt auf der Übungs-Seite des heutigen Tages.

Erlaube dir heute bewusst, zu schmollen, zu jammern, zu fluchen, zu toben, zu weinen, zu klagen ... Erlaube dir alles, was für deine EMOTIONALE ENTGIFTUNG nötig ist.

Stellst du es richtig an, wird früher oder später einer von zwei Zuständen eintreten:

Entweder dir wird a) regelrecht übel (ähnlich wie nach zu viel Schokokuchen) oder dir droht b)irgendwann die Puste auszugehen.

Mach dennoch weiter, halte trotzdem durch – wenn auch nur, um dir zu beweisen, dass du WILLENS bist, die Gefühle loszulassen und voranzuschreiten.

ÜBUNGEN FÜR TAG 19

- Schließ die Augen und stell dir die emotionale Last, an der du zu Tragen hast, bildlich vor. Wie sieht sie aus? Welche FORM hat sie? Welche OBERFLÄCHE, FARBE, GRÖSSE? Trägst du sie auf dem Rücken, auf den Schultern, in den Händen oder hängt sie vielleicht über deinem Kopf? Versuche, sie auf ein Blatt Papier zu zeichnen.

  Jetzt ATME TIEF DURCH und stell dir vor, wie genau deine Last dich verlässt. Ist sie zum Beispiel ein schwerer Gegenstand, so könntest du sie FALLENLASSEN. Ist sie eine dunkle Wolke, dann könnte sie DAVONSCHWEBEN.

- Reservier dir heute etwas Zeit für dich, bereite alles vor für eine gute alte Runde Selbstmitleid und – jetzt kommt's – koste sie so richtig aus!

  Leg dir folgende »Munition« zurecht:

  - *Tagebuch (das mit den Ergüssen und Tiraden)*
  - *alte Fotos*
  - *alte Liebesbriefe*
  - *traurige Musik und Filme*
  - *Junkfood*

- *eine moderate Menge Alkohol (moderat, sage ich!)*
- *Taschentücher, ein Kuscheltier und eine Decke*
- *Notizbuch und Stift*

- Geh diese Übung ohne schlechtes Gewissen an. Heute ERLAUBST du dir BEWUSST, dich elend zu fühlen, statt nur immer zu denken, dass du das nicht SOLLTEST!
- Schreib eine ausführliche Liste mit allem, was in deinem Leben falsch läuft. Lass nichts aus! Bewahre diese Liste aber nicht auf, sondern wirf sie am Ende des heutigen Tages weg oder verbrenne sie sogar. Das Ganze ist als BEFREIUNGSPROZESS gedacht.
- Klage, schimpfe, heule – ganz egal! LASS ES RAUS! Je mehr Tränen, desto besser! Weinen ist ein guter und natürlicher Weg, Emotionen ins Freie zu entlassen.
- Mach so lange weiter, bis alles raus ist. Idealerweise fühlst du dich danach erschöpft, gereinigt und hast es gründlich satt, dich zu bemitleiden!
- Denk dran: WIR ALLE fühlen uns manchmal so. Heute aber geht es NUR UM DICH und ein ausgiebiges Loslassen!

- Ahme nach, wie KINDER ihre Emotionen loswerden – in der einen Minute brüllen sie vor Wut, in der nächsten klettern sie einem schon wieder auf den Schoß. Ist das Gefühl einmal DRAUSSEN, dann ist es auch schnell wieder WEG!
- Beachte, dass du gerade ENTRÜMPELT hast! Räum jetzt bitte nicht gleich wieder neuen Kram in die Schränke!

DEIN MANTRA FÜR TAG 19

»Ich habe jetzt PLATZ geschaffen für NEUE UND BESSERE Gefühle.«

TAG 20

Zapfenstreich

Selbstmitleid ist ein schwieriger Begriff. Er wird meist im negativen Sinne verwendet. »Sich in Selbstmitleid suhlen«, »vor Selbstmitleid zerfließen«, und so weiter. Ich sagte ja, dass ich dich nicht immer mit Samthandschuhen anfassen würde, aber bitte versteh mich nicht falsch. Ich will deine Depression auf keinen Fall herunterspielen. Eine Depression ist NICHT DAS GLEICHE wie Selbstmitleid. Und depressiv zu sein ist NICHT DAS GLEICHE, wie sich in Selbstmitleid zu suhlen. Eine Depression KANN allerdings mit Selbstmitleid EINHERGEHEN.

Und während wir uns wohl einig sind, dass du viele GRÜNDE hast, dir leidzutun, so musst du doch, wenn du dich besser fühlen willst, das Selbstmitleid SEIN LASSEN.

Selbstmitleid funktioniert wie eine KLEBSTOFFFALLE. Noch mal: Es mag völlig legitim sein, dass du dich ungerecht behandelt fühlst, aber heute geht es darum, dass du zur Tat schreitest. Dass du die Herausforderungen annimmst, statt dich immer weiter in den TREIBSAND aus Selbstmitleid hineinziehen zu lassen.

Wenn bei dir Selbstmitleid und Depression zusammenhängen, so wirst du, wenn du das Selbstmitleid loswirst, auch die Depression (leichter) los.

Überleg doch mal: Wenn du endlich aufhören würdest, deine Situation zu beklagen, hättest du mehr KRAFT dafür, sie zu verbessern!

Ja, ich verlange viel von dir. Ja, es wird dich viel Mühe und Entschlossenheit kosten. Deswegen mach dich auch bitte nicht fertig, wenn du zwischendurch doch wieder in Selbstmitleid verfällst. Das geht uns schließlich allen mal so.

Der Punkt ist, dass das Selbstmitleid nicht länger der Mittelpunkt deines Lebens sein soll. Wie wir ja an Tag 13 gelernt haben, kann es zur GEWOHNHEIT werden, sich schlecht zu fühlen. Das Gleiche gilt für Selbstmitleid. Frage dich: Bist du womöglich in einer solchen Gewohnheit gefangen?

Dem Selbstmitleid die Stirn zu bieten, ist schwer, aber unendlich BEFREIEND. Versuche es!

Der vermeintliche Trost, den das Selbstmitleid dir verschafft, ist eine trügerische Falle. Tappe nicht länger hinein!

Es ist okay, wenn du dem Selbstmitleid EINEN GEWISSEN PLATZ in deinem Leben einräumst, denn ganz wird man es eh nie los. Meinetwegen darfst du auch ab und an noch eine Runde davon zelebrieren – wenn es denn sein muss –, aber höre danach wieder auf. Das kannst du ENTSCHEIDEN.

Lass dich nicht entmutigen. Je öfter du dich dabei ertappst, wie du dich von Selbstmitleid überwältigen lässt, desto öfter wirst du die CHANCE zu dieser Entscheidung haben. Und je öfter du sie dann triffst, desto STÄRKER wirst du dich fühlen. Desto HANDLUNGSFÄHIGER wirst du sein, um positive Veränderungen umzusetzen.

ÜBUNGEN FÜR TAG 20

- Überlege, was dich deprimiert, und schreib es auf. Sieh dir an, was du geschrieben hast, und formuliere es neu, indem du das Selbstmitleid weglässt. Was hat sich verändert?

- Überlege, aus welchen Gründen du dir leidtust. Wende anschließend die 3 Ps an (eine Methode, die der amerikanische Psychologe Martin Seligman entwickelt hat):

  PERSONALISATION (Personalisierung)

  Wurdest du tatsächlich AUSERWÄHLT, um bestraft zu werden? Konntest du tatsächlich KONTROLLIEREN, was passiert ist?

  PERVASIVENESS (Geltungsbereich)

  Ist durch EINEN Verlust tatsächlich ALLES verloren?

  PERMANENCE (Dauerhaftigkeit)

  Muss es tatsächlich FÜR IMMER so weitergehen?

- Wenn das nächste Mal etwas nicht nach Plan läuft, dann VERMEIDE selbstmitleidiges Denken (und Handeln) à la: »Nie klappt etwas so, wie ich es will! Alles muss ich allein machen! Niemand schert sich um meine Probleme!«

DEIN MANTRA FÜR TAG 20

»Selbstmitleid bewirkt nur, dass weiter alles schlecht bleibt.«

TAG 21

Glück einfangen

Sogenannte »Glücksexperten« erzählen uns, das Geheimnis des Glücks läge darin, negative Gedanken zu entfernen. Vielleicht glaubst du sogar, dass ich genau das von dir verlange. Tatsächlich aber habe ich dich aufgefordert, HILFREICHE Gedanken AUFZUSPÜREN. Es gibt nämlich eine fiese Falle: Sobald man versucht, etwas Bestimmtes NICHT zu denken, denkt man es UMSO MEHR!

Ein Experiment: Denk jetzt NICHT an eine PINKE GIRAFFE! Ich gehe jede Wette ein, dass du gerade nichts anderes vor Augen hast als ...? Genau.

»Wenn ich aber negative Gedanken nicht aus meinem Geist entfernen kann«, fragst du, »wie soll ich dann die Depression überwinden und glücklicher werden?«

Nun, statt negative Gedanken zu entfernen, gilt es den BLICK FÜR DAS POSITIVE zu öffnen.

Wie wir ja bereits an Tag 7 gelernt haben, ist ein Gedanke bloß ein Gedanke. Nur weil du ihn denkst, muss er noch nicht wahr sein. Allerdings hast du deine Gedanken lange für wahr gehalten, hm? Weil du DACHTEST, dass etwas schlecht ist, musste es auch schlecht SEIN.

Gottlob HINTERFRAGST du das mittlerweile. Falls nicht, dann lies dir doch vielleicht das siebte Kapitel noch einmal durch. Oder führe dir vor Augen wie viele deiner Ängste, Zweifel und Schreckensvorhersagen sich als FALSCH herausgestellt haben.

Statt zu versuchen, einen negativen Gedanken zu entfernen, (was dich nur noch tiefer in die Verzweiflung stürzen würde), liegt die Kunst darin, ihn aus einem anderen Blickwinkel zu betrachten. WÄGE AB, ob er ZUTREFFEND ist, also ein FAKT, oder nicht vielmehr eine ANNAHME. Überlege außerdem, ob er irgendeinem sinnvollen NUTZEN dient. Fühlst du dich an Tag 13 erinnert? Gut so!

Wie viele Gedanken hast du wohl allein gestern gedacht? Hunderte, tausende gar! Und wo SIND sie jetzt? Sie sind WEG! So viel zu der Wichtigkeit, die du diesen flüchtigen Kameraden zugestanden hast! Wenn allerdings negative Gedanken über Tage und Jahre hinweg gedacht werden, dann haben sie durchaus eine bleibende Wirkung. Sie bewirken, dass du dich deprimiert fühlst.

Gucken wir doch mal, wie glückliche (oder glücklichere) Menschen auf die Welt blicken. Glücklich zu sein, macht uns NICHT IMMUN gegen Herausforderungen. Sie BEEINFLUSSEN uns allerdings weniger, weil wir sie aus einer optimistischeren Perspektive betrachten können. Ein glücklicher Mensch mag sich fragen: »Okay, was kann ich dagegen TUN?« Oder er sagt sich: »Na, ich VERSUCHE es immerhin mal. Wenn es nicht klappt, mache ich eben ETWAS ANDERES.« Oder: »Wäre es wirklich SO SCHLIMM, wenn ich das in den Sand setze?«

Der heutige Tag trägt den Titel »Glück einfangen.« Wir denken immer, Glück sei das ultimative Ziel, nicht wahr? Doch die endlose Jagd nach dem Glück (samt zugehöriger Vorstellung, dass nicht glücklich zu sein etwas Falsches sei) ist ebenso vergeblich wie der Versuch, Negatives komplett zu vermeiden.

Glück KOMMT UND GEHT, und wenn es kommt, dann meist AUS UNERWARTETER RICHTUNG. Zu versuchen, pausenlos glücklich zu sein, kann einen verrückt machen. »Was also?«, fragst du, »Was soll ich tun?«

Ziele auf ZUFRIEDENHEIT ab. Ziele darauf ab, mit dem EINVERSTANDEN zu sein, was auch immer da auf dich zukommt. Ziele darauf ab, mit der EWIG SICH WANDELNDEN Landschaft des Lebens deinen FRIEDEN zu schließen. Ziele auf mehr AKZEPTANZ ab. Und, zu guter Letzt, ziele auf das ab, was dich TATSÄCHLICH GLÜCKLICH macht. Vielleicht sind das KLEINIGKEITEN. KURZE MOMENTE der Ruhe und Zufriedenheit, die du durch deinen dunklen Filter bisher gar nicht bemerkt hast.

Eine tolle Möglichkeit, DEINE EIGENE Glücksquote zu steigern besteht darin, die VON ANDEREN zu pushen! Durch GROSSZÜGIGKEIT entsteht eine WIN-WIN-SITUATION, weil sie die Laune BEIDER Parteien hebt! Wer deprimiert ist, ist oft sehr auf sich selbst konzentriert. Indem man sich in FREIGIEBIGKEIT übt, LÖST man sich gleichzeitig ein Stück weit vom alten Ich, von den alten Gefühlen, von der Beschränktheit und Hilflosigkeit.

ÜBUNGEN FÜR TAG 21

- Fange heute jeden noch so flüchtigen Moment der Ruhe, der Zufriedenheit oder sogar des Glücks ein, der dir zuteilwird. Notiere dir, was du in diesem Moment gerade tust. Du wirst vielleicht überrascht sein, dass es gar nicht unbedingt nur die großen Ereignisse, sondern vor allem die KLEINEN, ALLTÄGLICHEN Dinge sind, die Glück hervorrufen.

- Wähle heute EINEN EINZELNEN negativen Aspekt deines Lebens aus. EIN Problem, das sich SCHNELL BEHEBEN lässt. UNTERNIMM etwas dafür, es zu beheben.

- Mach heute zumindest EINES der folgenden Dinge:

  - *ruf einen Freund oder eine Freundin an oder triff dich mit ihm oder ihr für ein nettes Gespräch*
  - *mach Sport*
  - *widme dich einem Hobby oder einem Interesse*
  - *gönn dir eine Pause*
  - *geh im Sonnenschein spazieren*
  - *geh zu einem Konzert, Theaterstück oder ins Kino*

- Wenn du zu viel Zeit zum Grübeln hast, verplane sie stattdessen für eine neu zu entdeckende Leidenschaft. Hier ein paar Vorschläge:
  - *ein wohltätiger Zweck*
  - *ein Ehrenamt*
  - *eine neue Fähigkeit oder Kenntnis*
  - *die Mitgliedschaft in einem Verein*
  - *die Teilnahme an einem Kurs*
- Sei großzügig, indem du zum Beispiel:
  - *positive Kommentare in den sozialen Netzwerken postest*
  - *freundlich zu jemandem bist*
  - *jemandem einen Gefallen tust*
  - *spendest*
  - *jemanden besuchst, der einsam ist*

DEINE MANTRAS FÜR TAG 21

»Glück ist flüchtig.«

»Zufriedenheit ist eine Entscheidung.«

TAG 22

Die VORTEILE der schlechten Laune

Es ist NICHTS gut daran, deprimiert zu sein, richtig?

Es ist DAS SCHLIMMSTE, was dir hätte zustoßen können, oder?

ODER?

Stell dir vor, du hättest einen Zauberschalter, der alle negativen Gefühle im Moment ihres Entstehens LÖSCHEN würde.

Klingt super? Meinst du wirklich?

Versuche, dir dein Leben ganz ohne negative Gefühle vorzustellen. Wäre es nicht nach einer Weile ziemlich OBERFLÄCHLICH und EINDIMENSIONAL?

In einer »paradiesischen« Welt, in der JEDEN TAG die Sonne scheint, in der ALLE Menschen IMMER freundlich und hilfsbereit sind und DAUERVERZÜCKT durch die Gegend laufen, weil alles BEIM ERSTEN ANLAUF gelingt, wäre mir persönlich schon nach wenigen Tagen STINKLANGWEILIG!

Was sollte mich noch PACKEN, was mich BEGEISTERN, wenn es keine SEHNSUCHT und VORFREUDE mehr gibt, nichts, das mich dazu MOTIVIEREN würde, nach mehr zu streben?

Um meine Persönlichkeit zu formen und zu definieren, BRAUCHE ich Menschen, die mir WIDERSTAND bieten, mir einen ANDEREN BLICKWINKEL aufzeigen. Menschen, mit denen ich Differenzen ausdiskutieren kann.

Ohne Herausforderungen würden wir nicht WACHSEN. Wir würden als ewig naive Grinsebacken durch die Gegend laufen und hätten nicht den geringsten Anlass, uns zu verändern oder zu verbessern.

Wenn wir unser Leben nur damit zubringen, schmerzhaften Erfahrungen AUSZUWEICHEN, dann verwehren wir uns auch die GEFÜHLSTIEFE und CHARAKTERBILDUNG, die oft mit Enttäuschungen, Liebeskummer und Selbstzweifeln einhergehen.

Tatsächlich kann es handfeste Vorteile mit sich bringen, sogenannte »negative« Gefühle durchzumachen, aber nur, wenn du bereit bist:

- *aus ihnen zu LERNEN*
- *anzuerkennen, dass sie VERÄNDERUNG nicht verhindern, sondern im Gegenteil ANREGEN*

Um positive Gefühle zu gewinnen, muss man negative Gefühle riskieren. Sich zu verlieben birgt das Risiko der Trauer und den Gewinn der ... ja was wohl? – Liebe.

Schon interessant: Studien haben gezeigt, dass Menschen, die ihren negativen Gefühlen einen WERT beimessen, WENIGER durch sie beeinträchtigt sind als jene, die sie als etwas Schädliches ansehen, als etwas, das es zu vermeiden gilt.

ÜBUNGEN FÜR TAG 22

- Überlege: Wie könntest du deine negativen Erfahrungen POSITIV für dein Leben (und das Leben anderer) EINSETZEN?

- Führ dir vor Augen, wie sogenannte »negative« Gefühle dich zu notwendigen Veränderungen in deinem Leben bewegt haben.

- Sei den ganzen VORMITTAG komplett SCHLECHTER Laune. Lass dich durch NICHTS aufheitern! Ab MITTAGS sei pausenlos GUT gelaunt. Lass dir deinen Frohsinn durch NICHTS verderben! Merkst du, wie absolut UNMÖGLICH es ist, den einen oder den anderen emotionalen Zustand uneingeschränkt beizubehalten?

- Konzentriere dich heute darauf, die KONTRASTE in deinem Leben WERTZUSCHÄTZEN. Versuche anzuerkennen, dass jeder von ihnen seine Berechtigung hat.

DEIN MANTRA FÜR TAG 22

»Das ganze Leben spielt sich auf einer Wippe ab. Ich bin dazu bestimmt, zwischen oben und unten zu wechseln. Ich bleibe weder oben stehen noch unten!«

TAG 23

WEITERGEHEN – hier gibt es nichts zu sehen

(Oder: Lass deinen Elefanten los)

Wenn man an der Vergangenheit festhält, ist das so, als würde man MIT EINEM ELEFANTEN AUF DEM RÜCKEN durchs Leben gehen.

Es ist sehr, sehr schwierig, mit einem Elefanten auf dem Rücken IRGENDWOHIN zu gehen!

Elefanten sind SCHWER, SPERRIG, LAUT, und NUR hilfreich, wenn man auf IHREM Rücken reitet statt andersherum!

Die Vergangenheit LOSZULASSEN bedeutet, nicht länger zuzulassen, dass sie dich runterzieht.

An der Vergangenheit FESTZUHALTEN bedeutet, dich durch sie definieren zu lassen. Womöglich nutzt du sie gar als RECHTFERTIGUNG nach dem Motto:

- *»Ich schaffe es nicht, etwas Neues auszuprobieren / etwas Neues zu lernen / ein Ziel zu erreichen, weil ich bei einem früheren Versuch kritisiert oder ausgelacht wurde.«*
- *»Wegen dem, was mir passiert ist, kann ich nicht glücklich sein.«*
- *»Wegen dem, was mir angetan wurde, ist mein Leben auf ewig ruiniert.«*
- *– »Ich werde niemals vergeben.«*
- *»Weil ich damals etwas verloren habe, kann ich heute keine Erfüllung finden.«*

- *»Ich wurde verletzt, als ich jemandem vertraut habe, der nicht vertrauenswürdig war. Deswegen kann ich niemandem mehr vertrauen.«*
- *»Nachdem meine große Liebe fort ist, kann ich nie wieder jemanden lieben.«*
- *»Ich habe früher mal etwas Schlechtes getan, deswegen bin ich für immer ein schlechter Mensch.«*

An der Vergangenheit festzuhalten macht das, was passiert ist, nicht besser. Es bringt uns weder verlorene Menschen zurück, noch bewirkt es, dass sich Übeltäter entschuldigen oder überhaupt Reue verspüren.

An der Vergangenheit festzuhalten kettet dich einzig und allein an deinen Elefanten. Nichts anderes wird dadurch erreicht. Nichts wird repariert. Nichts wird geheilt. Nichts wird zum Besseren verändert.

Indem DU dich aufgibst, fühlen »SIE« sich nicht schuldig. Tatsächlich könnte es »sie« nicht weniger scheren! Vielleicht MERKEN »sie« nicht einmal, dass sie etwas falsch gemacht haben!

Menschen, die dir Leid zugefügt haben, schienen früher vielleicht größer als du zu sein. Das wird sich schnell ändern, sobald du dich entscheidest, zu wachsen.

Es geht nicht darum, was früher passiert ist, sondern darum, was du JETZT deswegen UNTERNIMMST.

Was immer geschah – es unterliegt heute nicht mehr deiner Kontrolle (vielleicht war das auch damals schon nicht der Fall). Lass los, was du nicht beeinflussen kannst. Lass es hinter dir.

Die Kunst besteht darin, dass du genug Kraft gewinnst, um nicht länger durch die Ohnmacht anderer bedroht zu sein. Blicke in dem Wissen zurück, dass diese anderen dir gezeigt haben, wie man NICHT sein soll. Führe dir vor Augen, dass du BESSER geworden bist als sie. Genau das ist die BESTE ANTWORT.

Außerdem – ein wesentlicher Punkt – sollte dein Geist eigentlich nicht mehr als vierundzwanzig Stunden auf einmal bewältigen müssen! Stopfst du ihn mit ZU VIEL ZEIT AUF EINMAL voll, überforderst du ihn. Deswegen ist es so wichtig, IM AUGENBLICK zu leben.

Weißt du was? Dein Elefant wäre GENAUSO FROH WIE DU, wenn er nicht länger auf deinem Rücken sitzen müsste! Lass deinen Elefanten los!

ÜBUNGEN FÜR TAG 23

- Stell dir vor, dein Leben wäre ein Theaterstück und allen Menschen darin wäre eine bestimmte Rolle zugewiesen. Es gibt HELDEN, BÖSEWICHTE, HAUPTROLLEN, NEBENROLLEN UND STATISTEN. Schreibe die Besetzung deines Stücks auf und erläutere jede Figur darin, auch deine eigene.
- Welche Rolle spielen die Menschen aus deiner Vergangenheit in deinem jetzigen Leben? Wie könntest du das Skript ändern, um ihre Rolle zu verbessern oder ihren Einfluss zu mindern?
- Versuche, die Vergangenheit zu lokalisieren. Wo EXISTIERT sie eigentlich? Mach dir klar, dass sie jenseits deiner Gedanken keine Wirklichkeit hat.
- Probiere MEDITATION aus. Schon 15 Minuten täglich reichen, um dein Wohlbefinden zu verbessern. Schließe die Augen und hol deine Gedanken jedes Mal, wenn sie abschweifen, in die Gegenwart zurück, indem du dich auf deinen Atem konzentrierst.
- Übe dich in ACHTSAMKEIT. Widme deine volle Wahrnehmung dem Moment. Konzentriere dich ganz und gar auf das, was du FÜHLST, HÖRST, SIEHST, RIECHST, SCHMECKST und SPÜRST, so lange, bis alles andere verschwindet.

DEIN MANTRA FÜR TAG 23

»Die Vergangenheit ist vergangen.

Jenseits meiner Gedanken existiert sie nicht mehr.«

TAG 24

Vergib ALLEN – insbesondere DIR

Es kann dir nur leichter ums Herz werden, indem du alle – und vor allem dich selbst – endlich vom Haken lässt.

Wenn du dich sehr verletzt fühlst, erscheint dieses Vorhaben auf den ersten Blick vielleicht unmöglich. Aber betrachte es doch einmal so: Indem du Groll hegst, HÄLTST du dich nur selbst AUF.

Und je länger du Groll hegst, desto stärker VERSTRICKST du dich darin. Irgendwann bist du emotional, psychisch und spirituell geradezu GEFESSELT an den Menschen, dem du grollst. Am Ende leidet der Grollende am allermeisten, also du.

Vergebung wird oft mit BILLIGUNG schlechten Verhaltens verwechselt. Bei Vergebung geht es aber vielmehr auch darum, den MENSCHEN hinter dem Verhalten zu sehen. Und dieser Mensch ist oft nicht schlecht, sondern einfach nur menschlich.

Versteh mich nicht falsch. Verletzenden Menschen soll nicht etwa die VERANTWORTUNG für ihre Taten abgesprochen werden. Ihre Taten sollen nur nicht länger Macht über dein Wohlbefinden haben.

In anderen Worten: LASS die verletzenden Menschen LOS. Sie müssen selbst mit ihrem Gewissen und den Konsequenzen ihres Handelns klarkommen. Du hast damit nichts mehr zu tun.

Oft denken wir, dass wir immer weiter wütend auf jemanden sein müssen, weil wir nur so unserem Leid einen WERT beimessen. Es ändert jedoch nichts an dem, was passiert ist. Es bewirkt nur, dass wir in einer toxischen Beziehung mit dem verletzenden Menschen gefangen bleiben.

Entscheiden wir uns aber für Vergebung, entwickeln wir uns weiter. Wir werden STÄRKER. Wir LERNEN. Wir erkennen vielleicht auch unsere eigene Rolle in der Dynamik. Vielleicht sind wir dann sogar bereit, die menschliche Schwäche in uns allen zu sehen.

Um dich dieser Denkweise zu öffnen, führe dir vor Augen:

- *Menschen tun, was sie tun, aus eigenen Gründen. Diese Gründe mögen für dich keine Gültigkeit haben, für die danach Handelnden hingegen schon.*
- *Menschen tun, was sie tun, weil es in ihre »Geschichte« passt, in ihre eigene Vorstellung davon, wie die Dinge liegen.*
- *Menschen tun, was sie tun, weil sie denken, dass es ihnen dadurch besser geht. Weil sie denken, dass es auf irgendeine Weise für sie hilfreich ist.*
- *Noch hinter der schrecklichsten Tat steckt im Grunde ein leidender Mensch.*

- *Einige Erwachsene sind im Grunde noch Kleinkinder, die nur im Erwachsenenkörper herumlaufen.*
- *Menschen, die emotionale Stärke entwickelt haben, schaden anderen nicht. Verängstigte Menschen tun das.*
- *Durch andere Menschen lernen wir mehr über uns selbst.*
- *Wir lehren andere Menschen, wie sie uns zu behandeln haben.*

Weil die Menschheit als Ganzes weitgehend noch immer im ÜBERLEBENSMODUS steckt, fühlen wir uns oft durch andere BEDROHT oder HERAUSGEFORDERT. Deswegen sind wir auch so oft in MACHTSPIELEN gefangen. Wir haben das Gefühl, nicht genug zu HABEN oder selbst nicht genug zu SEIN.

All das bringt uns dazu, auf wenig ideale Weise zu handeln. Aus Angst vor Verlust (oder Besitzlosigkeit) raffen wir an uns, was wir können. Aus Angst davor, nicht geliebt zu werden, geben wir unsere Stärke an jemand anderen ab.

Letzten Endes verbirgt sich hinter »schlechtem« Verhalten immer nur eines: Angst. Bedenke das.

Vergib den Menschen für ihre Menschlichkeit. Und nicht vergessen: Auch du bist ein Mensch.

Aus dem Verhalten anderer dir gegenüber kannst du sogar viel über dich selbst lernen. Angenommen, jemand behandelt dich respektlos. Welchen Aspekt deines eigenen Verhaltens könntest du weiterentwickeln, um so etwas künftig zu verhindern? Vielleicht müsstest du dich besser behaupten oder aber überdenken, mit welchen Menschen du dich umgibst.

Indem du andere als SPIEGEL betrachtest, Spiegel, die dich zu notwendigen Verbesserungen bewegen, kannst du die vermeintlichen GEGNER in LEHRER verwandeln.

ÜBUNGEN FÜR TAG 24

- Zeichne eine Tabelle mit zwei Spalten auf ein Blatt Papier. Schreibe in die linke Spalte eigene Taten, auf die du nicht stolz bist. Schreibe in die rechte Spalte, welche Ängste dich jeweils zu dieser Tat gebracht haben könnten.

- Zeichne eine zweite Tabelle. Schreibe in die linke Spalte Taten anderer. Taten, die dich verletzt haben. Überlege dir jeweils, was ihn oder sie zu dieser Tat gebracht haben könnte. Hat er oder sie vielleicht ebenfalls aus Angst gehandelt?

- Geh spazieren und betrachte die Passanten. Stell sie dir als KINDER vor. Wie verändert sich dadurch deine Haltung ihnen gegenüber? Wie verändert sich ihr Einfluss auf dich?

- Vollziehe ein VERGEBUNGSRITUAL. Reserviere dir eine ruhige Viertelstunde am heutigen Tag. Schließ die Augen und stell dir vor, dass von deinem Bauchnabel aus Schnüre verlaufen, die dich an überholte und nicht hilfreiche Beziehungen binden. Diese Beziehungen hängen an dir, weil du an deinem Schmerz und an deiner Wut – nicht nur auf andere, sondern auch auf dich selbst – festhältst. Es ist an der Zeit, die Schnüre zu kappen. Stell dir ein großes

Schwert vor, das herabstößt und sie durchtrennt. Jetzt, da du nicht länger mit den verletzenden Menschen verbunden bist, kannst du beobachten, wie sie auf den Horizont zu schweben und in Richtung ihres eigenen Schicksals verschwinden. Lass anschließend auch dein altes, grollendes Ich in Frieden gehen.

- Überlege, welche ERKENNTNISSE du möglicherweise aus den losgelassenen Beziehungen mitnehmen kannst. Inwiefern lehren sie dich vielleicht ein fortan besseres Leben?
- Ruf dir Ereignisse in Erinnerung, bei denen jemand unfreundlich zu dir war. Frage dich:
    - *Wann habe ich so etwas selbst auch getan?*
    - *Was lehrt mich diese Person über mich selbst?*
- BEDANKE dich zum Abschluss für das Gelernte.

DEINE MANTRAS FÜR TAG 24

»Menschen handeln aus eigenen Gründen, ich auch.«

»Menschen zeigen mir mein eigenes Ich.«

TAG 25

Dringen wir ins HERZ der SACHE vor

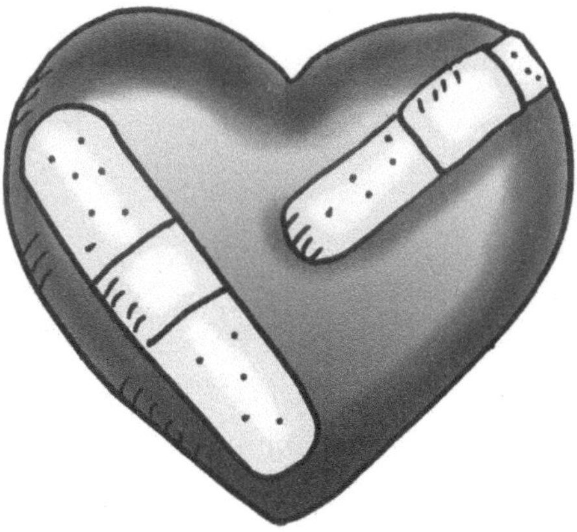

An Tag 8 haben wir gelernt, dass sich bei vielen Betroffenen eine Depression als FOLGEERSCHEINUNG bestimmter Ereignisse herausstellt und dass eine Depression teils auch durch bestimmten SUBSTANZEN und MEDIKAMENTE verursacht sein kann.

Letztendlich ist aber der HAUPTGRUND – und hier kommen wir zur großen Enthüllung –

... der letztlich AUSSCHLAGGEBENDSTE Grund dafür, dass Menschen sich deprimiert fühlen, ist: Sie fühlen sich NICHT GELIEBT oder NICHT LIEBENSWERT und suchen AN ALL DEN FALSCHEN ORTEN NACH LIEBE.

Statt aber allen Nachdruck auf das Verhalten anderer uns gegenüber zu legen, müssen wir uns bewusst machen, dass nur WIR SELBST uns SELBSTWERT verleihen können.

Glaubst du es WERT zu sein, geliebt zu werden?

Liebst du DICH SELBST?

Die amerikanische Wissenschaftlerin und Autorin Brené Brown hat sechs Jahre lang in Tausenden Fallstudien erforscht, was genau die Menschen, die sich geliebt und zugehörig fühlen, von denen unterscheidet, die das nicht tun. Laut ihren Ergebnissen LÄUFT ALLES AUF EINES HINAUS: auf den Glauben, es wert zu sein. Es wert zu sein, dazuzugehören. Es wert zu sein, geliebt zu werden. NICHTS hat einen

GRÖSSEREN Einfluss auf die Fähigkeit eines Menschen, liebevolle Beziehungen zu führen.

Wenn wir uns selbst nicht lieben, ziehen wir nur Menschen an, die ähnlich von uns denken.

Wenn wir uns selbst nicht lieben, werden wir immer weiter alles dafür tun, dass ANDERE unseren Wert bestimmen. Dass ANDERE uns Wert verleihen. Aber EGAL, WIE OFT andere uns auch sagen, dass wir wertvoll und liebenswert sind, es wird nie genug sein. Und was droht uns erst, wenn andere uns NICHT wertschätzen? Dann zerfallen wir.

Du magst eine Million Gründe nennen können, warum du deprimiert bist, aber IM HERZEN DER SACHE liegt, dass du dich ausgeschlossen, ungeliebt und ungewollt fühlst. Ob nun bei der Arbeit, in der Freizeit oder in deinem familiären Umfeld.

Wir ALLE wollen geliebt werden. Und wenn keine Liebe – zum Beispiel in Form einer Beförderung, in Form einer guten Beziehung, in Form eines Gefühls der Zugehörigkeit, oder auf Millionen andere Arten – in unser Leben findet, liegt im Herzen dieses Umstands unser GLAUBE, all das nicht wert zu sein. Genau diesen deprimierenden IRRGLAUBEN gilt es zu überwinden. Und es beginnt und endet mit dir.

Letztlich kann NIEMAND AUSSER DIR das tun. Letztlich kann NIEMAND AUSSER DIR die Lücke schließen. ERWARTE nicht länger, dass jemand anders es für dich tut.

Wenn du dich selbst nicht unterstützt, nicht freundlich zu dir bist und dich nicht liebst, wie KANNST du dann erwarten, dass andere es tun? Es wird nicht passieren. Wenn du dich verrätst, verlässt, ablehnst und unfreundlich zu dir bist, warum ÜBERRASCHT es dich dann, dass andere genauso handeln?

Wer ist letztlich dafür verantwortlich, wenn deine Bedürfnisse nicht erfüllt werden? Ist es die Aufgabe der anderen, dafür zu sorgen, dass du glücklich bist?

Sollten die Menschen sich so verhalten, dass es DIR gefällt?

Werden sie nicht. Vergiss das. Hör auf, andere als Quelle deines Glücks oder als Grund für deinen Mangel an Glück zu sehen. Das ist einfach NICHT IHR JOB.

Konzentriere dich stattdessen auf dich selbst und dein eigenes Wohlbefinden. Wende dich AN dich, nicht GEGEN dich, wenn deine Liebe nicht erwidert wird.

Menschen ziehen WEITER, ÄNDERN sich oder sind von Anfang an nicht mit DEM EIFER bei der Sache, den du dir erhoffst. Es bedeutet nicht, dass sie schlecht oder falsch sind. Es bedeutet nicht, dass DU schlecht oder falsch bist. Es bedeutet lediglich, dass sie nicht sind, was du dir erhofft hast.

Und ja, Menschen sterben. Bedeutet das aber, dass auch DEIN Leben enden muss?

Wenn du in dir selbst Trost finden kannst, wirst du nicht länger da draußen danach suchen müssen. Du wirst dich nicht länger nur deswegen in unguten Beziehungen wiederfinden, weil du die Lücke in dir zu schließen hoffst.

Heute wirst du dich darauf konzentrieren, eine bessere Beziehung zu dir selbst zu haben. Denn all der Müll, den du dir jahrelang vorgebetet hast – »ich bin wertlos, niemand wird mich je akzeptieren« – ruiniert dein Leben!

Das muss aufhören. Daraus kann nichts Gutes erwachsen. Unser Denken und Handeln wirkt manchmal wie ein MAGNET. Oft ziehen wir das an, was wir glauben, verdient zu haben. Verlange nur das Beste für dich! Glaube daran, es wert zu sein! Genau so, wie du es dir für jemanden wünschen würdest, den du liebst!

ÜBUNGEN FÜR TAG 25

- Übe dich heute in Mitgefühl für dich selbst. Stell dir vor, EIN FREUND ODER EINE FREUNDIN würde das gleiche wie du durchmachen. Wie würdest du ihn oder sie trösten und unterstützen? Sei heute FREUNDLICH zu dir.

- Überlege: Hast du die wichtigen Entscheidungen in deinem Leben aus Selbstliebe getroffen oder eher aus dem Bedürfnis heraus, ANDEREN zu gefallen oder sie zu beschwichtigen? Wie könntest du bei künftigen Entscheidungen besser auf DICH achten?

- Zeit für etwas SPIEGELARBEIT. Stell dich vor den Spiegel und sieh dir in die Augen. Betrachte dich selbst so, wie du jemanden betrachten würdest, den du liebst. Sag deinem Spiegelbild etwas Nettes. Lass alle Gefühle los, die dem im Weg stehen, lass sie frei. Diese Übung ist UNGLAUBLICH WIRKUNGSVOLL. Wiederhole sie jeden Tag. Ziel ist, dass dir nach einiger Zeit ein »Ich liebe dich« zu dir selbst genauso leicht über die Lippen geht wie zu jemand anderem, den du liebst. Heute ist ein ANFANG.

DEIN MANTRA FÜR TAG 25

»Ich kriege es hin, zu lieben, wer ich bin.«

TAG 26

Selbstrettung

Um eine bessere Beziehung zu dir selbst aufzubauen, ist es wichtig, dass du DAS KIND IN DIR annimmst.

Ein solches Kind lebt in UNS ALLEN weiter, nachdem wir erwachsen geworden sind. Und es macht sich vor allem dann bemerkbar, wenn wir uns bedroht, ungeliebt oder traurig fühlen.

Denn, überleg mal, wenn du deprimiert und überfordert bist, kommst du dir dann besonders erwachsen vor?

Stammt diese tiefe Traurigkeit nicht vielmehr aus einer Zeit, in der du in höchstem Grade arglos, offenherzig und verletzlich warst?

Stellen wir uns ein einsames Kind vor. Ein Kind, das sich VERLASSEN fühlt. Verlassen und unfähig, die Herausforderungen des Lebens zu bewältigen.

Dieses Kind sehnt sich nach jemandem – irgendjemandem! – der ihm die Last fortnimmt, der sie trägt.

Dieses Kind schreit nach LIEBE, egal, wer sie zu geben bereit ist. Ob ein Elternteil, eine Chefin, ein Kollege, eine Autoritätsperson.

Es kann also sein, dass wir uns trotz Behandlung und Therapie hilflos und hoffnungslos fühlen, weil bisher niemand die Hilferufe unseres inneren Kindes erhört hat.

Schritt eins: Horche in dich hinein. Bist du womöglich in einem kindlichen (oder gar kindischen) Zustand gefangen?

Sehnst du dich nach jemandem, der dich rettet, ernährt und umsorgt?

Schritt zwei: Werde dir (wieder) deines erwachsenen Selbst gewahr. Entdecke (wieder) deine Kompetenz und dein Verantwortungsbewusstsein.

Schritt drei: Werde SELBST zum Retter / zur Retterin deines inneren Kindes. Werde zu seiner fürsorglichen Mutter / seinem fürsorglichen Vater.

Fürsorgliche Eltern:

- *sind verständnisvoll*
- *kümmern sich*
- *unterstützen*
- *schaffen Stabilität*
- *sind verantwortungsbewusst*
- *setzen Grenzen*
- *passen auf einen auf!*

Werde, statt dich weiter nach irgendjemandem zu sehnen, selbst die Quelle der LIEBE und FÜRSORGE deines inneren Kindes.

Suche bei dir selbst den TROST und die GEBORGENHEIT, die deinem inneren Kind gefehlt haben.

Sei fortan dein eigener / deine eigene:

- *Cheerleader/in*
- *Entscheider/in*
- *Betreuer/in*
- *Ernährer/in*
- *beste/r Freund/in*

Tritt fortan selbst für dein inneres Kind ein.

Niemand sonst kann das für dich tun, denn, überleg doch mal: Niemand sonst weiß so gut wie du, was du brauchst und was dir gefällt. Niemand sonst KENNT dich so gut wie du.

Je mehr du dir selbst vertrauen, je rückhaltloser du dich auf dich selbst verlassen kannst, desto weniger wird das, was andere tun, von Bedeutung sein.

Deine beste Freundin / dein bester Freund wird immer BEI DIR SEIN, immer AN DICH GLAUBEN, dich immer UNTERSTÜTZEN. Was meinst du, lohnt es sich, darauf hinzuarbeiten?

ÜBUNGEN FÜR TAG 26

- Achte darauf, wann du in den KINDMODUS verfällst. Insbesondere, wenn du deprimiert bist. Verurteile dich nicht dafür. Ignoriere es nur nicht.
- Führe dir vor Augen, dass dein inneres Kind sich erst dann VOLLSTÄNDIG fühlen kann, wenn dein ERWACHSENES ICH sich um es kümmert.
- Such ein Kinderfoto von dir heraus und betrachte es. (Hast du keins, dann stell dir einfach dich selbst als kleines Kind vor). Sieh dir die kleine Person an, die du mal warst. Du warst so ...

  - *unschuldig*
  - *offenherzig*
  - *arglos*
  - *verspielt*
  - *hoffungsvoll*
  - *verletzlich*
  - *klein*
  - *... und hast alles nur erdenklich Gute verdient.*

  Sagen wir, dass dein inneres Kind jetzt vor dir steht.

  - *Sieht es gepflegt aus oder verwahrlost?*

– *Was hält es von dir?*

– *Ist es glücklich?*

Sag nun folgendes zu ihm:

»Ich bin zu dir zurückgekommen. Es tut mir leid, dass ich dich verlassen habe. Ich werde mich fortan um dich kümmern, damit du dich in Zukunft sicher fühlen kannst.«

Lass den Emotionen, die dich bei diesen Worten überkommen, freien Lauf. Weine, wenn du das Bedürfnis verspürst. Sind in deinem inneren Kind Schmerz, Trauer oder unterdrückte Wut gefangen, befreie auch diese Gefühle.

- Lass dein inneres Kind mit deiner nicht-dominanten Hand (das ist bei Rechtshändern die linke, bei Linkshändern die rechte) einen Brief schreiben. Einen Brief, in dem dein inneres Kind dir seine Gefühle offenbart.

DEIN MANTRA FÜR TAG 26

»Letzten Endes bin allein ich dazu fähig, mir beizustehen.«

TAG 27

KOMM SCHON! Warum das LANGE GESICHT?

»Kommt ein Pferd in die Kneipe, fragt der Wirt: …«

Ja, den kennst du bestimmt. Ist einer meiner Lieblingswitze.

Menschenskind, du nimmst das Leben immer BIERERNST, oder? Was, wenn du das ÄNDERN würdest? Versuch doch mal, das Auf und Ab des Lebens WEGZULACHEN.

Mein guter, leider kürzlich verstorbener Freund Paul nannte die Stolperfallen (oder Reinfälle!) des Lebens gern »Sahnetorten.« Gerade, wenn du denkst, alles hinzubekommen, dann – Klatsch! – mitten ins Gesicht! Jemand beleidigt dich? Sahnetorte. Dein Partner oder deine Partnerin verlässt dich? Sahnetorte. Du gehst pleite? Ja, das ist mal eine verdammt dicke triefende Sahnetorte, aber hey, immer noch eine Sahnetorte. Und was machen die Leute, wenn sie so eine ins Gesicht kriegen? Sie lachen! Warum eigentlich? Weil es schwer ist, sich ernst zu nehmen, wenn man das Gesicht voller Sahnetorte hat.

Womöglich bist du schon so lange deprimiert, dass du gar nicht mehr weißt, wie man lacht. Es gibt sogar Menschen – was nicht heißt, dass du dazugehören musst –, die ihre düstere Laune für irgendwie interessant oder gar romantisch halten.

Aber so sind wir nicht!

Dafür sind wir nicht bestimmt!

Wir sind nicht auf diesem Planeten, um zu leiden!

Wir könnten SPASS haben!

Konventionellerweise gilt es als hohle Phrase, wenn man sagt: »Komm schon!«

Aber ZUM TEUFEL damit!

Wie soll man SONST weitermachen? Man muss sich doch irgendwie VOM FLECK bewegen!

Aus einem dunklen, trostlosen Hypnosezustand gilt es AUFZUWACHEN!

Es gibt diese sonderbare Vorstellung, dernach man ein Problem nur so lange reglos anstarren muss, bis auf wundersame Weise eine Lösung vor der Tür steht. Sie wird aber nicht vor der Tür stehen! Wir müssen RAUSGEHEN und sie finden!

Heute werden wir in einem ersten Schritt: SO TUN ALS OB.

Unser Hirn kennt tatsächlich nicht DEN UNTERSCHIED zwischen ECHTEN und VORGETÄUSCHTEN Gefühlen. Selbst wenn wir also NUR SO TUN, als wären wir glücklich – wenn wir lächeln oder lachen und die Arme in die Luft werfen – reagiert unser Hirn mit Glücksbotenstoffen. Machen wir das oft genug, kommt vielleicht sogar die Botschaft an, dass es NORMAL ist, sich besser zu fühlen.

Am heutigen Tag tust du so, als wärst du ein glücklicher Mensch.

Ich weiß, das ist NICHT LEICHT. Selbst nur so zu tun, als sei man glücklich, ist schwierig, wenn man sich von Vorstellungen wie diesen einschränken lässt:

- *Es wir mir niemals besser gehen.*
- *Das Leben wird niemals besser werden.*
- *Ich bin unfähig, voranzukommen.*
- *Das Leben ist hart.*
- *Es gibt nichts, worüber ich glücklich sein könnte.*
- *Ich verdiene es nicht, glücklich zu sein.*

Bedenke: Die Welt wurde nicht erschaffen, um DIR ZU PASSEN. Versuche daher, DEINERSEITS besser IN SIE hineinzupassen.

Folgende Eigenschaften und Fähigkeiten können dir dabei helfen:

- *Widerstandskraft*
- *emotionale Intelligenz*
- *Konzentration*
- *Umsicht*
- *Optimismus*
- *die Fähigkeit, im Augenblick zu leben*
- *die Fähigkeit, aus Fehlern zu lernen*
- *die Fähigkeit, dich und andere zu akzeptieren*

Die heutigen Übungen gefallen dir vielleicht nicht, aber Gefallen hin oder her: Du hast diese 30 Tage angefangen, jetzt kremple die Ärmel hoch und mach dich bereit für die vermutlich größte Herausforderung von allen! Auf die Plätze, fertig ...

ÜBUNGEN FÜR TAG 27

- Verändere deine Haltung und STEH AUFRECHT. Es ist schwer, sich mit hängenden Schultern selbstbewusst zu fühlen.

- Achte auf dein AUSSEHEN. Bade heute oder dusch dich, wasch dir die Haare und zieh schöne, saubere, gebügelte Kleidung an. Wenn du Make-up benutzt, leg welches auf. Das Gleiche bei Schmuck. Genieße die mit einem gepflegten Äußeren einhergehende Frische und Selbstsicherheit. Sei STOLZ auf dich. Stell dir vor, du wärst ein KÖNIG oder eine KÖNIGIN.

- LÄCHLE. Dein Hirn kennt nicht den Unterschied zwischen einem vorgetäuschten und einem echten Lächeln! Selbst also nur so zu tun, kann deine Laune heben. Besser noch, ruf dir eine Gelegenheit in Erinnerung, bei der du TRÄNEN GELACHT hast und dir DEN BAUCH HALTEN musstest. Erlebe diesen Augenblick noch einmal. Spüre, wie die Lacher dich aufs Neue durchschütteln.

- Aktiviere dein *Hara*. In der japanischen Kampfkunst ist das Hara der Sitz der KÄMPFER- ODER KÄMPFERINNENKRAFT. Ist es nicht aktiviert, hat man kein »Hiiaaaa!« Reaktiviere es, indem du dich auf deinen Solarplexus (den Bereich zwischen Brustbein und Bauchnabel) konzentrierst und Energie in dein Hara sendest. Achte darauf, wie viel ROBUSTER du dich jetzt fühlst.

- ERZÄHL EINEN WITZ. Du darfst dir meinen Pferdewitz leihen, wenn du magst!
- Entdecke, aus wie vielen blöden Situationen du SAHNETORTEN machen kannst.

DEINE MANTRAS FÜR TAG 27

»Heute teste ich eine GLÜCKLICHERE und MAJESTÄTISCHERE Version meines Selbst aus.«

»Ich werde öfter über das Leben lachen.«

»Das Leben hält lauter fette Sahnetorten bereit.«

TAG 28

Es gibt nur einen Weg und der führt nach OBEN

Bestimmt fühlst du dich nach unseren mittlerweile siebenundzwanzig Tagen um einiges ENTSCHLOSSENER, endlich aus dem Tal der Depression hinauszuklettern. Herzlichen Glückwunsch! Trotzdem, das weiß ich, kann die schiere ENTFERNUNG vom Tal bis zum Gipfel immer noch entmutigend wirken.

Wie haben jetzt schon des Öfteren festgestellt, dass sich schlecht zu fühlen, zur traurigen Gewohnheit werden kann. Womöglich kennst du gar nichts anderes mehr. Gewohnheiten sind ja berüchtigt dafür, dass man sie nur schwer ablegen kann (frag doch mal jemanden, der mit dem Rauchen aufhören will).

Vom Grund des Tals aus mag der Aufstieg über die rutschigen Abhänge mit ihren brüchigen Vorsprüngen viel zu steil, schwierig und furchteinflößend erscheinen.

Deswegen gebe ich dir jetzt EINE LEITER!

Wir taufen sie hiermit »die Leiter des emotionalen Aufstiegs«, und so sieht sie VON OBEN NACH UNTEN aus:

1. Freude / Selbstermächtigung / Freiheit / Liebe / Wertschätzung
2. Leidenschaft
3. Enthusiasmus / Eifer
4. Zufriedenheit / Akzeptanz

5. Optimismus / positive Erwartung
6. Hoffnung
7. Zweifel
8. Pessimismus
9. Sorge
10. Enttäuschung
11. Schuldzuweisung
12. Ärger
13. Rachgier
14. Hass / Wut
15. Schuldgefühl / Gefühl der Wertlosigkeit
16. Depression / Verzweiflung / Ohnmacht

Jeder dieser emotionalen Zustände ist EINE SPROSSE auf der Leiter, und Depression ist, logisch, die unterste.

Sofern dich während der letzten siebenundzwanzig Tage keine wundersame Erleuchtung überkommen hat (das wäre doch mal was!), besteht KEINE CHANCE, dass du ÜBERGANGSLOS von tödlich betrübt zu himmelhoch jauchzend gelangst. NACH UND NACH, SPROSSE FÜR SPROSSE nach oben zu steigen, liegt hingegen einwandfrei im Bereich des Möglichen.

Alles ab Sprosse fünfzehn ist immerhin einen Schritt vom Tiefpunkt entfernt!

Wenn du dir zum Beispiel Ärger erlaubst, dann hast du schon mal die ENERGIE aufgebracht, dich aus der Taubheit der Depression zu erheben.

Nein, auch Ärger, Rachgier und Schuldzuweisung sind keine idealen Zustände, aber sie führen nun einmal alle nach OBEN. Hinaus aus dem »Koma« namens Depression.

Und du sollst ja auch nicht auf diesen Sprossen STEHENBLEIBEN! Die Idee ist, dass du sie Schritt für Schritt ERKLIMMST und dich so in dein Wohlbefinden HINEINFÜHLST.

Bereit für den Aufstieg?

DANN LOS!

ÜBUNGEN FÜR TAG 28

- Beim Erklimmen der Leiter des emotionalen Aufstiegs gilt die Devise: EINE SPROSSE NACH DER ANDEREN.

  Da deine GEDANKEN bestimmen, wie du dich fühlst, sind sie es auch, die dich von einem emotionalen Zustand zum nächsten bringen.

  Auf den unteren Sprossen zielst du lediglich auf einen etwas WENIGER NEGATIVEN Gedanken ab, der dich immerhin EIN STÜCKCHEN nach oben bringt.

  Auf den mittleren Sprossen befindest du dich in mehr oder weniger NEUTRALEM Gebiet.

  Auf den höheren Sprossen fühlst du dich BESSER UND BESSER.

  Ob du weiter nach oben gelangt bist, findest du durch deine GEFÜHLE heraus. Achte darauf, wann du dich immerhin ETWAS besser fühlst.

- Angenommen, du bist an dem Punkt DEPRESSION / VERZWEIFLUNG / OHNMACHT. Formuliere den Grund dafür. Zum Beispiel:

  »Mein Partner / meine Partnerin hat mich für jemand anderen verlassen.«

- Gehe von dort aus weiter zu SCHULDGEFÜHL / GEFÜHL DER WERTLOSIGKEIT, zum Beispiel:

  »Offensichtlich ist dieser / diese andere viel attraktiver und interessanter als ich es je sein werde.«

- Der nächste Schritt wäre HASS / WUT, zum Beispiel:

  »Ich hasse meinen Partner / meine Partnerin dafür, was er / sie mir angetan hat!«

- Danach, RACHGIER, zum Beispiel:

  »Hoffentlich wird mein Partner / meine Partnerin von diesem / dieser anderen ebenfalls verlassen!«

- Als nächstes, ÄRGER, zum Beispiel:

  »Ich bin ärgerlich auf meinen Partner / meine Partnerin, weil er / sie mir so etwas angetan hat!«

- Danach, SCHULDZUWEISUNG:

  »Er / sie war schon immer selbstsüchtig!«

- Wir müssen nicht alle Sprossen durchexerzieren, sicher kriegst du langsam eine Vorstellung davon, was ich meine. Vielleicht schauen wir noch kurz ein paar Sprossen höher auf ZUFRIEDENHEIT / AKZEPTANZ, zum Beispiel:

»Ich kann tun und lassen was ich will und wann ich es will.«

Und immer weiter, so hoch, wie du kannst.

Schreib dir die sechzehn Sprossen der Leiter ab oder kopiere sie und greife jedes Mal darauf zurück, wenn deine Laune abzurutschen droht.

Diese Übung ist eine abgewandelte Version der von Esther Hicks entwickelten *Emotional Scale exercise.*

DEIN MANTRA FÜR TAG 28

*»Sobald ich aufhöre,
nach unten zu schauen,
kommt der Gipfel in Sicht!«*

TAG 29

Märchenstunde

Wie ist DEINE GESCHICHTE bis hierher verlaufen?

WIR ALLE leben eine Geschichte und DEFINIEREN uns über sie. Sie beeinflusst:

- *was wir uns zutrauen*
- *was wir vollbringen können*
- *was wir glauben, verdient zu haben*
- *ob wir uns wertvoll und wertgeschätzt fühlen*
- *ob wir erfolgreich und beliebt sind*

Welche ART von Geschichte schreibst du dir wohl, wenn du DEPRIMIERT bist? Sicher kommen folgende Sätze so oder so ähnlich darin vor:

- *Ich bin traurig.*
- *Ich bin verletzt.*
- *Ich bin ungeliebt und kann nicht geliebt werden.*
- *Ich bin verloren.*
- *Ich bin gefangen.*
- *Ich bin anderen eine Last.*
- *Es ist hoffnungslos. Ich werde niemals vorankommen / etwas zum Guten verändern / mein Leben meistern / ...*

Manchmal erstreckt sich eine solche Geschichte sogar auch in die Zukunft, nach dem Motto:

- *Ich werde niemals Glück finden.*
- *Ich werde für immer allein sein.*
- *Ich werde diesen Verlust niemals überwinden.*
- *Ich werde dieser Person niemals vergeben.*

Das Problem ist, dass wir unser Leben UM UNSERE GESCHICHTE HERUM aufbauen. Erzählst du dir eine deprimierende Geschichte über dich, dann ERSCHEINT auch auf einmal alles deprimierend. Es muss ja zur Geschichte passen!

Zudem wird alles, was deiner deprimierenden Geschichte ENTGEGENLÄUFT, ersatzlos GESTRICHEN! Alles, was auch nur vage an Freude oder Genuss erinnert! Womöglich stellst du jedes glückliche Ereignis AUF DEN KOPF und konzentrierst dich allein auf das, was deine Geschichte bestätigt. Auf das, was falsch gelaufen ist, oder sogar nur falsch HÄTTE LAUFEN KÖNNEN!

Eine solche Lesart funktioniert fatalerweise auch rückwirkend, weil sie vergangene »Fakten« schafft. Ist der ROTE FADEN in deiner Geschichte das Negative, dann fallen natürlich alle glücklichen Ereignisse oder Erfolge in deiner Vergangenheit dem Radiergummi zum Opfer.

Entscheide dich am heuten Tage dafür, eine NEUE GESCHICHTE zu schreiben – eine, die dich UNTERSTÜTZT und AUFBAUT. Es ist an der Zeit, die alte Version deines Ichs abzuwerfen und eine neue, eine bessere zu verfassen. Eine, in die all das hier hineinpasst:

- *Akzeptanz*
- *Anerkennung*
- *Wertschätzung*
- *Freude*
- *Zufriedenheit*
- *Genuss*
- *Optimismus*
- *Selbstvertrauen*
- *Selbstliebe*
- *Vergebung*
- *Hoffnung*

Klingt wie ein MÄRCHEN? Nun, ist aber KEIN STÜCK FIKTIVER als die ALTE Legende, dernach du wertlos bist, alles hoffnungslos ist und es nichts gibt, worauf du dich freuen könntest.

Hör endlich auf, dieses SEEMANNSGARN zu glauben.

Erzähl deine Geschichte so, WIE DU SIE DIR WÜNSCHST, und dann LEBE nach ihr!

ÜBUNGEN FÜR TAG 29

- Heute wirst du eine neue Geschichte über dich und dein Leben schreiben. Schreibe sie in der zweiten Person, statt in der ersten (also »du bist« statt »ich bin«).

  Der Geist nimmt nämlich das, was wie »Zuspruch von außen« klingt, leichter auf. Ich-Aussagen wecken eher noch mehr Zweifel in uns. Denk dran, dass du allein die Geschichte genau so erzählst, wie du sie dir wünschst!

- Beginne mit deinem CHARAKTER. Liste deine guten Eigenschaften auf. (Ja, du hast welche!) Liste im gleichen Atemzug bereits Eigenschaften auf, die du ERST NOCH ENTWICKELN möchtest. Formuliere so:

  - *Du bist* ______________________________
    (zum Beispiel):
  - *wertvoll*
  - *freundlich*
  - *witzig*
  - *stark*

- Liste anschließend auf, worin du GUT BIST (UND worin du GUT WERDEN möchtest):

  - *Du bist gut im __________________________ (zum Beispiel):*
  - *Schwimmen*
  - *Kochen*
  - *Umgang mit Tieren*

- Liste als nächstes deine PLÄNE auf:

  - *Du wirst ______________________________ (zum Beispiel):*
  - *zweimal im Monat ins Kino oder in eine Galerie gehen*
  - *regelmäßig Sport treiben*
  - *neue Leute treffen*
  - *eine neue Fähigkeit erlernen*
  - *deine Finanzen in den Griff bekommen*

- Egal, wie ambitioniert dir das alles momentan vielleicht erscheinen mag: Du kannst in deine Geschichte schreiben, WAS DU WILLST. Kein Grund zur Bescheidenheit!

- Geh anschließend in dich. Beginne damit, deine Gedanken an deine neue Geschichte anzupassen. Genau so, wie du es auch mit deiner alten Geschichte gemacht hast!

DEIN MANTRA FÜR TAG 29

»Mein Leben ist eine Geschichte und ich bin der Erzähler / die Erzählerin.«

TAG 30

Die HOFFNUNG STIRBT NIE

Die Dichterin Emily Dickinson schrieb einst, dass das GUTE durch Hoffnung ZUM VORSCHEIN kommt. In anderen Worten: Wenn du nach Gutem AUSSCHAU hältst, wirst du feststellen, dass es SCHON IMMER DA war. Dass dein mangelnder Glaube daran, es dir nur verborgen hat.

Ohne Hoffnung würden wir uns PAUSENLOS SORGEN machen. Hoffnung verleiht MOTIVATION. Sie verschafft uns ein ZIEL, etwas, worauf wir uns freuen können.

Selbst die HOFFNUNG AUF HOFFNUNG vermag dich aus einer Phase der Verzweiflung zu befreien.

Bis vor Kurzem hattest du womöglich den Eindruck, es gäbe keine Hoffnung, weil du wie mit Scheuklappen durchs Leben gegangen bist. Doch die Wahrheit ist: HOFFNUNG GIBT ES IMMER.

Wenn ich dir sagen würde, ich hätte deine Zukunft gesehen, und es würde sich alles zum Guten fügen, solange du nur daran GLAUBST – WÜRDEST du dann daran glauben? Nun, GENAU DAS sollst du auch!

Hoffnung erfordert INVESTITIONEN. Die Ergebnisse kannst du vielleicht NOCH nicht sehen, doch wenn du JEDEN TAG etwas Hoffnung investierst, dann werden die »Gewinnausschüttungen« nicht lange auf sich warten lassen.

Hoffnung ist eine Investition in die Vorstellung, dass es ETWAS BESSERES geben muss – und natürlich GIBT es das auch.

ALLES verändert sich, NICHTS bleibt, wie es ist. Du kannst dich darauf verlassen, dass dein emotionaler Zustand – egal, wie festgefahren er dir vielleicht noch immer erscheinen mag – sich ÄNDERN wird. Und wenn du die Übungen in diesem Buch gewissenhaft durchgeführt hast, dann begreifst du sicher allmählich, dass du durchaus EIN WÖRTCHEN DABEI MITZUREDEN hast, was als nächstes kommt.

Noch mal: Glaube daran, dass es Hoffnung gibt, und du wirst sie entdecken. Verleugne sie weiter, und sie wird dich weiterhin meiden. Was ist dir lieber?

Hoffnung ist der erste und der letzte Schritt auf dem Weg dahin, dich wieder ganz zu fühlen.

Auch GLAUBE kommt hier ins Spiel – selbst dann, wenn du deine ZWEIFEL an der Existenz einer höheren Macht hast.

Du kannst schließlich auch DARAN glauben, dass morgen die Sonne aufgehen wird, dass ein treuer Freund ehrlich zu dir ist, oder dass dein Hund dich liebt, ganz egal, was passiert.

GLAUBST du hingegen an eine HÖHERE MACHT, dann war dir womöglich in letzter Zeit öfter so, als ob Gott dich verlassen hätte.

Machen wir Menschen uns eine Vorstellung von Gott oder einer höheren Macht, begehen wir jedoch häufig EINEN GROSSEN FEHLER: Wir verleihen ihm/ihr/dem Wesen MENSCHLICHE EIGENSCHAFTEN. Gott verlässt nicht.

WIR verlassen Gott oder kappen die Verbindung zum Energiefluss der Welt, weil wir uns verraten fühlen, wenn die Dinge nicht nach unserem Willen laufen.

Aber, stellen wir uns den Tatsachen: Wir als Menschheit machen oft einfach keinen guten Job. Es braucht unendliche Intelligenz, um Welten zu erschaffen. Vielleicht weiß also er/sie/das Wesen es einfach besser als wir.

Vielleicht könnte er/sie/es die Dinge besser machen, wenn wir ihn/sie/es nur machen ließen.

Kennst du das Sprichwort »der Herrgott wird's schon richten«? Es liegt viel Weisheit darin, einen Schritt zurückzutreten und einer Situation zu erlauben, sich von selbst zu entfalten.

Rechne mit dem Besten und erhöhe damit die Wahrscheinlichkeit, dass es eintritt. Manchmal ist das fast, na ja, wie ein Wunder. Doch das wirst du, solange du auf einer pessimistischen Sichtweise beharrst, nicht sehen können, weil es nicht zu deinen Erwartungen passt.

Finde die Hoffnung, schnapp sie dir und lass sie nie wieder los. Du hast das Schlimmste durchgemacht. Erhoffe jetzt, nein, ERWARTE das Beste.

ÜBUNGEN FÜR TAG 30

- Steh dir heute nicht länger selbst im Weg und sei offen für NEUE MÖGLICHKEITEN. Sieh einfach zu, wie sich die Dinge auf ihre eigene Art entfalten. Es gibt VIELE Möglichkeiten jenseits dessen, woran du gedacht hast!
- Wie könntest du heute nach dem Prinzip »der Herrgott wird's schon richten« vorgehen? (Wenn du mit der Vorstellung vom Herrgott nichts anfangen kannst, ersetze ihn durch eine andere höhere Macht oder Weltenergie.)
- Was, wenn du aufhören würdest, so derart auf einer Zukunft voller Schmerz zu bestehen, und dir stattdessen die Vorstellung von etwas Besserem aneignen würdest? Wie könnte sich das auf dein momentanes Befinden auswirken?
- Finde eine BESTIMMUNG. Setze dir ein konkretes Ziel und eine realistische, machbare Deadline dafür. Liste anschließend eine Reihe kleiner Zwischenschritte zu deinem Ziel auf. Gib dir selbst das Versprechen, dieses Ziel zu erreichen.
- Finde zum Abschluss etwas, woran du glauben kannst. An dich selbst zu glauben, wäre schon mal ein guter Anfang.

DEIN MANTRA FÜR TAG 30

*»Es gibt immer Hoffnung.
Ich habe sie nur eine Weile aus den
Augen verloren.«*

*Hiermit ist unsere Arbeit getan.
Ich sage »Namaste«, was
bedeutet: »Das Teufelchen in mir
grüßt das Teufelchen in dir.«*

*Und jetzt, zum Teufelchen noch
mal, LASS ES KRACHEN!*